Crises da democracia

Adam Przeworski

Crises da democracia

Tradução:
Berilo Vargas

1ª *reimpressão*

Copyright © 2019 by Adam Przeworski

Grafia atualizada segundo o Acordo Ortográfico da Língua Portuguesa de 1990, que entrou em vigor no Brasil em 2009.

Título original: Crises of Democracy
Capa: Estúdio Insólito
Consultoria: Jairo Nicolau
Preparação: Diogo Henriques
Revisão: Ana Maria Barbosa e Clara Diament
Índice remissivo: Gabriella Russano

Dados Internacionais de Catalogação na Publicação (CIP)
(Câmara Brasileira do Livro, SP, Brasil)

Przeworski, Adam
    Crises da democracia / Adam Przeworski ; tradução Berilo Vargas. — 1ª ed. — Rio de Janeiro : Zahar, 2020.

    Título original: Crises of Democracy.
    Bibliografia
    ISBN 978-85-378-1884-8

    1. Ciências políticas 2. Democracia 3. Política e governo I. Título.

20-35811   CDD: 321.8

Índice para catálogo sistemático:
1. Democracia : Ciência política 321.8
Maria Alice Ferreira — Bibliotecária — CRB-8/7964

[2020]
Todos os direitos desta edição reservados à
EDITORA SCHWARCZ S.A.
Praça Floriano, 19, sala 3001 — Cinelândia
20031-050 — Rio de Janeiro — RJ
Telefone: (21) 3993-7510
www.companhiadasletras.com.br
www.blogdacompanhia.com.br
www.zahar.com.br
facebook.com/editorazahar
instagram.com/editorazahar
twitter.com/editorazahar

Sumário

Lista de figuras   7
Lista de tabelas   9
Prefácio à edição brasileira   11
Prefácio   21

Introdução   25

PARTE I **O passado: crises da democracia**

1. Tendências gerais   55

2. Algumas histórias   65

3. Lições da história: o que procurar   104

PARTE II **O presente: o que está acontecendo?**

4. Os sinais   111

5. Possíveis causas   131

6. Onde buscar explicações?   150

7. O que pode ser inédito?   160

PARTE III **O futuro?**

8. Como a democracia funciona   173

9. Subversão sub-reptícia   200

10. O que pode ou não acontecer?   219

Notas   235
Referências bibliográficas   244
Índice remissivo   260

Lista de figuras

2.1. Suposta localização de partidos no espaço esquerda-direita e democrático-autoritário   71
2.2. Agitação na Alemanha por ano, 1919-33   74
2.3. Agitação no Chile por ano, 1938-73   87
2.4. Agitação na França por ano, 1945-70   99
2.5. Agitação nos Estados Unidos por ano, 1919-2012   101
4.1. Proporção de partidos que foram os dois mais votados por volta de 1924 e permaneceram nos dois primeiros lugares   113
4.2. Número efetivo de partidos no eleitorado desde 1960, em países que eram membros da OCDE em 2000   114
4.3. Média de apoio eleitoral à direita radical, por ano   118
4.4. Proporção de votos de partidos por ano em países que eram membros da OCDE antes de 2000   121
4.5. Comparecimento às urnas, por ano   121
4.6. Comparecimento e proporção de votos na direita radical em dez democracias desenvolvidas   122
4.7. Distância ideológica entre partidos de centro, por ano   123
5.1. Taxa de crescimento da renda per capita por ano em países que eram membros da OCDE antes de 2000   132
5.2. Coeficiente de Gini médio de rendas pré-tributação na Europa, Japão, Austrália, Nova Zelândia, por ano   133
5.3. Média do fator trabalho por ano entre países que eram membros da OCDE antes de 2000   133
5.4. Média de emprego por setor ao longo do tempo, números absolutos   134
5.5. Renda familiar real em percentis selecionados, 1967-2011   135
5.6. Renda média de grupos selecionados em países da OCDE-2000, excluindo os Estados Unidos   135
5.7. Discrepância entre produtividade e remuneração típica do trabalhador, 1948-2014   138

7

5.8. Índice de produtividade e salário (economias avançadas G20) 138
5.9. Densidade sindical por ano em países que eram membros da OCDE antes de 2000 140
5.10. Democratas e republicanos mais divididos ideologicamente do que no passado 142
5.11. A imigração nem sempre foi uma questão partidária 143
5.12. Atitudes europeias em relação a imigrantes: diferenças raciais 144
6.1. Salários e produtividade na Alemanha e na França 151
8.1. Proporção de projetos de lei aprovados e distúrbios 196

Lista de tabelas

1.1. Democracias que passaram por pelo menos duas alternâncias depois de 1918 e ruíram   56
1.2. Incidência de crises econômicas e sobrevivência da democracia   57
1.3. Incidência de crises políticas e sobrevivência da democracia   59
1.4. Algumas diferenças entre democracias que ruíram e que sobreviveram antes de 2008   60
1.5. Probabilidade de colapso democrático em razão do número de crises governamentais e sistemas institucionais   63
4.1. Proporção de votos da direita radical (países que eram membros da OCDE em 2000)   119
7.1. Condições econômicas em democracias que ruíram ou não antes de 2008 e médias pós-2008 de democracias que sobreviveram   162
7.2. Algumas características políticas de países que eram membros da OCDE em 2000, antes e depois de 2008   167

Prefácio à edição brasileira

ESCREVER ESTE PREFÁCIO é um exercício de humildade. O Brasil não aparece neste livro como um país onde a democracia possa estar em crise. Isso acontece porque, quando redigi sua versão original, eu acreditava firmemente na solidez das instituições políticas brasileiras. A primeira crise da democracia pós-militar — o impeachment do presidente Fernando Collor de Mello em 1992 — obedeceu fielmente aos dispositivos constitucionais; a passagem do cargo do presidente Fernando Henrique Cardoso para o presidente Luiz Inácio Lula da Silva em 2003 provou que as instituições brasileiras eram capazes de absorver um choque político de magnitude impensável em muitas democracias, como os Estados Unidos. Mas não vi que os sinais de uma crise iminente já estavam presentes. A rejeição de Aécio Neves aos resultados da eleição de 2014 constituiu uma grande violação das normas democráticas. O impeachment da presidente Dilma Rousseff em agosto de 2016 foi uma demonstração de que os políticos colocam seus pequenos interesses acima da integridade das instituições. Por fim, a remoção, juridicamente arquitetada, de Lula como candidato na eleição de 2018 impediu vasto segmento do povo brasileiro de exercer seus direitos democráticos.

No entanto, ainda que estivesse mais atento a todos esses sinais, eu não teria previsto a vitória de Jair Bolsonaro. Não tinha ideia de quem ele era quando se apresentou como candidato, e, quando perguntei a amigos brasileiros, eminentes cientistas políticos, fui aconselhado a esquecê-lo. Não foi a primeira vez que tive uma surpresa. Acompanhando os primeiros estágios da campanha eleitoral de 2016 nos Estados Unidos, pensei que Donald Trump fosse apenas uma piada da mídia, que o usava para melhorar os índices de audiência. Eu estava errado, como também estavam quase todos os meus colegas.

Não fiquei mais sábio, nem mesmo olhando para trás. Como este livro demonstra, tentar identificar as causas do desgaste das instituições e normas democráticas rende mais perguntas que respostas. Não devemos confiar em análises que pretendem saber e compreender tudo. Além disso, ainda que os efeitos sejam semelhantes, as causas podem ser diferentes dependendo do país. Contudo, não há dúvida de que as instituições representativas tradicionais passam por uma crise em muitos lugares. Em alguns, líderes anti-Estado, intolerantes, xenófobos, nacionalistas e autoritários estão no poder. Em muitos outros, particularmente na Europa Ocidental, partidos radicais continuam em ascensão, enquanto muita gente no centro político perde a confiança nos representantes, nos partidos e nas instituições.

As denúncias contra as instituições representativas costumam ser desprezadas como "populismo". Mas a pertinência das críticas às instituições tradicionais é evidente. É desonesto rejeitar esse tipo de reação e ao mesmo tempo lamentar a desigualdade. A partir do século XVII, cidadãos nos dois extremos do espectro político — aqueles para quem a democracia era uma promessa e aqueles para quem ela era uma ameaça — passaram a acreditar que a democracia, sobretudo o sufrágio universal, traria igualdade nas esferas econômica e social. Essa convicção ainda está consagrada no principal motor da economia política contemporânea, o eleitor mediano. A persistência da desigualdade é uma prova irrefutável de que as instituições representativas não funcionam, pelo menos não como quase todo mundo acha que deveriam. Portanto, o avanço do "populismo" — resultado da insatisfação com as instituições políticas que reproduzem a desigualdade e não oferecem alternativa — não deveria nos surpreender.

A coexistência do capitalismo com a democracia sempre foi problemática e delicada. Entretanto, em alguns países — treze para ser exato — a democracia e o capitalismo conviveram por pelo menos um século, e em outros por períodos consideráveis, em muitos deles até hoje.

Apesar de os socialistas terem aprendido a conviver com o capitalismo, e de em alguns países terem alcançado um êxito razoável em atenuar a desigualdade e gerar crescimento, o projeto político de tributar, garantir renda e oferecer assistência social atingiu seu limite nos anos 1970. Na Suécia, onde o projeto se originou e estava mais avançado, os social-democratas tentaram estendê-lo na década de 1970 dando voz ativa para os operários organizarem a produção ("codeterminação") e introduzindo a propriedade pública de empresas ("fundos de assalariados"), mas nenhuma dessas reformas foi muito longe. A lei de Newton do capitalismo diz que a desigualdade cresce de maneira constante, a menos que seu avanço seja neutralizado por recorrentes e vigorosas ações do governo. O projeto social-democrata consistia em estimular as causas da desigualdade ao mesmo tempo que combatia seus efeitos, e não aguentou. Quando confrontados com a ofensiva neoliberal dos anos 1980, os partidos de centro-esquerda assimilaram a linguagem de trade-offs entre igualdade e eficiência, redistribuição e crescimento. Enquanto a direita movia-se ideologicamente para a direita, a esquerda fez mais do que segui-la. Políticas de governo de diferentes orientações partidárias tornaram-se quase idênticas: responsabilidade fiscal, flexibilidade do mercado de trabalho, livre fluxo de capital, enfraquecimento de sindicatos, redução dos impostos sobre as rendas mais altas. O resultado foi que a desigualdade continuou onde já era elevada e disparou em muitos países onde era mais baixa. Subsídios direcionados aos muito pobres atenuaram o cenário em alguns países, notadamente o Brasil, mas os mercados não sujeitos a restrições reproduziram a desigualdade numa torrente ininterrupta.

Esse é o contexto no qual devemos observar a atual crise das instituições representativas. As eleições não costumam oferecer muitas opções: na maior parte das vezes, quem quer que venha a ocupar o cargo seguirá o mesmo paradigma político que seguiriam seus adversários derrotados, com pequenas diferenças para agradar a determinados setores do eleitorado. Contudo, aqui também, como consequência da ofensiva neoliberal, todo o espectro de escolhas políticas pendeu para a direita, enquanto a renda de cerca de metade dos assalariados permanece estagnada há décadas. As pessoas constataram que votam, o governo muda, mas sua vida continua a mesma.

Anos atrás, quando estudava eleições que provocaram grandes mudanças de paradigma político — a social-democracia na Suécia em 1932 e o neoliberalismo no Reino Unido e nos Estados Unidos em 1979-80 —, eu achava que uma condição necessária para que os eleitores apoiassem um partido com uma proposta inédita era que esse partido tivesse um histórico de responsabilidade: ter estado no poder no passado e atuado

Prefácio à edição brasileira

como todos os outros partidos no cumprimento da função.[1] Mas as vitórias de Bolsonaro e Trump mostram que quando estão desesperadas, como pacientes terminais de uma doença, as pessoas vão atrás de qualquer remédio, agarram-se a sejam quais forem as possibilidades de salvação, mesmo quando oferecidas por impostores que vendem curas milagrosas. Como disse um motorista de táxi no Rio de Janeiro a um entrevistador: "A gente vê essa decadência, essa crise moral, esses políticos que roubam e não fazem nada por nós. Estou pensando em votar em alguém completamente novo".[2] Quando não têm nada a perder, as pessoas se apegam a qualquer ilusão, como aconteceu na República de Weimar, onde as pessoas acreditavam ser possível curar doenças com queijo cottage ou fazer ouro a partir de metais comuns. "Trazer os empregos de volta" — o slogan de campanha de Trump — não passava disso, um slogan. Assim como não passava de propaganda o "governo limpo, empregos e armas" de Bolsonaro. E como também não passa de um slogan "expulsar os imigrantes", o grito de guerra dos partidos europeus de extrema direita. Foi o que não previmos quando imaginamos que a vitória deles estava fora de questão.

Buscar soluções mágicas não é a única reação à insatisfação com as instituições tradicionais. A outra é propor uma "democracia direta". O populismo se apresenta em pelo menos duas variedades: "participativo" e "delegativo". O populismo participativo é a vontade de nós mesmos governarmos; o populismo delegativo é querermos ser bem governados por outros. Como fenômeno político, o primeiro tipo é salutar, mas em grande parte inconsequente, enquanto o segundo é um perigo para a democracia.

O populismo participativo tem suas raízes em Rousseau, que acreditava que o povo deveria governar a si mesmo. O programa do populismo participativo consiste em reformas institucionais destinadas a dar mais potência à voz do povo. Contudo, por mais justa que possa ser a insatisfação populista com as instituições que já existem, o fato é que cada um de nós precisa ser governado por outra pessoa, e ser governado implica decisões que não apoiamos. Alguns ficariam insatisfeitos com quaisquer que fossem elas, mesmo tomadas com a participação plena, igualitária e efetiva dos cidadãos. Na realidade, "o povo", como uma entidade no singular, não existe; o que existe são pessoas, no plural, com interesses, valores e padrões diferentes. Além disso, será mesmo verdade que as pessoas querem governar elas próprias? Algumas, claro, querem, ou não teríamos políticos. Mas a maioria, ou uma grande parte, realmente quer?

A alternativa a governar é ser governado por outros, mas ser bem governado. Naturalmente, o que é bom para uns pode não ser bom para outros. É por isso que as democracias processam conflitos através da possível mudança do governo de acordo com a vontade da maioria. O populismo "delegativo" pode ser mais bem compreendido dentro da concepção de democracia proposta por Shumpeter: governos são escolhidos pela maioria, que deve então delegar as decisões a serem tomadas a esses governos e permanecer em estado de passividade entre uma eleição e outra.[3] Nas eleições, os cidadãos são onipotentes; entre elas, não têm poder algum. E é assim que muitos teóricos da democracia acham que deve ser.

Aqui está o perigo do populismo delegativo. O que as pessoas mais querem é ser governadas por estadistas que lhes pareçam competentes no sentido de fazer valer a vontade da maioria, seja aumentar a renda, representar determinados valores ideológicos ou qualquer outra coisa. Imaginemos, agora, que um novo governo assume oferecendo soluções mágicas e alegando que a oposição mal-intencionada resiste a elas. Para ter liberdade total de implementar suas políticas, o Executivo precisará desmantelar as restrições institucionais advindas do sistema de separação de poderes, o Legislativo e os tribunais.[4] Ao mesmo tempo, temeroso de perder o posto nas eleições seguintes, tomará medidas para diminuir essa probabilidade. Essas medidas podem incluir a mudança de fórmulas eleitorais, o redesenho de distritos, alterações nos direitos do eleitor, intimidação da oposição, imposição de restrições a organizações não governamentais, restrição da independência do Judiciário, uso de referendos para superar barreiras constitucionais, aparelhamento partidário da máquina estatal e controle e censura da mídia.

Acontece que, se quiserem ser bem governadas, as pessoas precisam pensar em sua capacidade de vir a destituir o ocupante do cargo quando um candidato melhor aparecer.[5] Mas precisam fazer uma escolha: ou mantêm o governo atual no poder, perdendo a capacidade de substituí-lo no futuro, ou preservam essa capacidade, voltando-se contra ele mesmo achando que a alternativa será pior. O populismo "delegativo" é o que acontece quando o povo quer que o governo fique ainda que acabe com as restrições à sua reelegibilidade e à sua liberdade de adotar políticas. O resultado, então, é o "retrocesso democrático" (ou desconsolidação, desgaste, retrogressão): um processo de decadência gradual (mas, em última análise, substancial) dos três atributos básicos da democracia — eleições competitivas, direitos de expressão e associação assegurados por lei e Estado de direito.⁶ Com o avanço desse processo, a oposição fica impossibilitada de ganhar eleições (ou de assumir o cargo se ganhar) e as instituições estabelecidas não conseguem controlar o Executivo, enquanto manifestações populares de protesto são reprimidas pela força. O perigo do populismo delegativo é a maioria vir a apoiar um governo que faça o que a maioria quer, ainda que subverta as instituições democráticas.

Para compreender a gravidade desse perigo para a democracia precisamos situar as lições de recentes experiências de retrocesso democrático num contexto histórico. A maior parte das democracias na história, ou talvez todas elas, foram estabelecidas como reação a um governo "despótico", "tirânico" ou "autocrático". Seus sistemas institucionais foram projetados para impedir que governantes se mantenham no cargo independentemente dos clamores populares ou adotem medidas que restrinjam liberdades individuais. Os resultados foram variados, mas em todos os lugares o objetivo era construir um sistema no qual cada parte do governo quisesse e pudesse impedir a usurpação do poder por qualquer outra parte. O pai do constitucionalismo, Montesquieu, dizia que, "para que o abuso de poder seja impossível, é necessário que, pela disposição das coisas, o poder faça o poder parar".⁷ Ou, numa passagem muito citada de Madison, "a maior segurança contra uma concentração gradual de vários poderes no mesmo departamento consiste em dar aos que administram cada departamento os meios constitucionais e os motivos pessoais necessários para resistir a intromissões dos outros [...]. É preciso fazer com que a ambição seja neutralizada pela ambição".⁸ O efeito da separação de poderes seria um governo limitado ou moderado.

Nem todos estavam seguros de que freios institucionais bastariam para manter o equilíbrio dos poderes. Acreditava-se, contudo, que se esses controles internos falhassem, se os governos cometessem atos flagrantemente inconstitucionais, o povo se insurgiria numa revolução para restaurar o statu quo. Montesquieu esperava que se qualquer poder conseguisse violar leis fundamentais tudo se uniria contra ele; haveria uma revolução, "que não mudaria a forma de governo ou sua Constituição: pois revoluções inspiradas pela liberdade nada mais são do que uma confirmação da liberdade".[9] Weingast afirmava que se um governante violasse a Constituição de maneira explícita, atravessasse uma "linha clara", os cidadãos se organizariam contra ele e, prevendo essa reação, o governo não cometeria esse tipo de ato.[10] Fearon pensava que o mesmo aconteceria se um governo não realizasse eleições ou se cometesse uma fraude escancarada.[11] Com isso, a combinação de controles internos e externos tornaria as instituições democráticas inexpugnáveis ao "usurpador espírito do poder",[12] o desejo dos políticos por um domínio duradouro e ilimitado.

Esta é a visão de democracia que herdamos e agora somos obrigados a questionar. Até aqui, vimos a Turquia sob o governo do AKP, a Venezuela sob Chávez e Maduro, a Hungria sob o segundo governo do Fidesz, a Polônia sob o segundo mandato do PiS, a Índia sob Narendra Modi, bem como os Estados Unidos sob Donald Trump. A primeira lição que estamos aprendendo dessas experiências é que as instituições democráticas podem não oferecer as salvaguardas necessárias para impedir que sejam subvertidas por governantes devidamente eleitos, segundo normas constitucionais: a desconsolidação democrática não precisa envolver violações de constitucionalidade. E os governos reacionários têm desfrutado de um apoio popular consistente. A esperança de que cidadãos pudessem ameaçar governos que cometessem transgressões contra a democracia, impedindo-os, com isso, de seguirem esse caminho, infelizmente é infundada. Essa ideia se baseia no pressuposto de que, se um governo cometer atos que ameacem a liberdade, violem normas constitucionais ou enfraqueçam a democracia, o povo se unirá contra ele. Mas o povo pode não reagir a essas violações mesmo que as perceba, ou pode ser incapaz de avaliar suas consequências. E se os cidadãos não impedirem o governo de tomar uma série de medidas legais, poderá ser tarde demais para impedi-lo de fazer o que quiser.

Como mostram as evidências neste livro, o espectro das crises da democracia é repleto de incertezas e acasos. A própria pergunta sobre se o perigo que a democracia corre se deve às transformações econômicas dos últimos quarenta anos ou a outros fatores, sobretudo culturais, é muito difícil de responder no atual estágio das pesquisas. E, claro, os leitores brasileiros se perguntarão até que ponto a análise apresentada aqui se aplica ao seu país. Acredito que sim, ainda que com as devidas variações. Mas cabe aos leitores decidir.

Prefácio

ESCREVER UMA OBRA ACADÊMICA sobre acontecimentos da atualidade é perigoso. O período que vai de quando o livro está sendo escrito até quando será lido é muito longo, e a vida política não para enquanto isso. Portanto, muitas informações devem ser lidas com a advertência "em tal e tal datas". Mas se um livro tem valor, seus argumentos e conclusões devem sobreviver aos acontecimentos particulares que possam ter sido revelados nesse período. Digo isso sem muita convicção: fui pego de surpresa pelo acontecimento que me levou a mergulhar neste volume, a vitória de Donald Trump. Acho, no entanto, que alguma coisa aprendi olhando para trás: as razões para nos preocuparmos com a situação atual da democracia nos Estados Unidos e em determinados países europeus são muito mais profundas do que os eventos fortuitos. Se Trump tivesse perdido, muita gente que hoje corre para escrever livros como este — e me incluo nesse grupo — estaria tratando de outros assuntos. Mas as condições econômicas, sociais e culturais que levaram Trump à Casa Branca teriam sido as mesmas. Eis o que aprendi ao escrever este texto: que as causas do descontentamento atual são profundas, que não teriam sido aliviadas por acontecimentos acidentais, e que precisamos perguntar o que teria ocorrido se Clinton ganhasse e o Brexit perdesse, e o que acontecerá se e quando os governos que hoje comandam as democracias desenvolvidas se mostrarem incapazes de melhorar a vida das pessoas que votaram neles. Nesse caso, como vai ser? Onde devemos buscar soluções: em políticas econômicas, em reformas políticas, em estratégias discursivas de combate à fragmentação social e ao racismo? Não há respostas para essas perguntas que me pareçam óbvias, portanto há poucas coisas sobre as quais eu possa tentar convencer os leitores. Resta-me formular questões, examinar possibilidades e convidá-los a pensarem junto comigo.

Apresento um panorama da situação política atual no mundo das democracias bem estabelecidas, insiro-o no contexto de contratempos já vividos por regimes democráticos e conjecturo sobre perspectivas. Sei que alguns leitores ficarão desapontados ao constatarem que raramente chego a conclusões firmes. Mas é bom duvidar desse dilúvio de escritos que oferecem respostas para tudo. Entendo a ânsia de encontrar um sentido no que ocorre à nossa volta. Entendo também a tendência a supor que os diversos acontecimentos que nos surpreendem estão, de alguma forma, relacionados, e que tudo tem uma causa. Mas estabelecer o que causa o quê e o que de fato importa é quase sempre difícil, às vezes impossível. Particularmente em nossa perigosa época, convém saber o que é que não sabemos antes de resolvermos agir. Por essa razão, espero estimular o ceticismo naqueles que lerão este livro apenas por estarem preocupados com as perspectivas da democracia. Ao mesmo tempo, espero que estudantes de pós-graduação e meus colegas de profissão encontrem aqui um itinerário para pesquisar questões tecnicamente difíceis e politicamente importantes.

Este livro tratará dos perigos que ameaçam a democracia na atual situação econômica, cultural e política. Contudo, o maior

Prefácio

perigo que enfrentamos não diz respeito à democracia, mas à humanidade: se não fizermos alguma coisa drástica agora, já, nossos filhos serão assados ou inundados. Se esse perigo vier a se concretizar, nossas preocupações com a democracia serão irrelevantes. Tragicamente, esse fantasma recebe pouca atenção política, e essa falta de atenção está refletida nas páginas que se seguem. Na verdade, ele projeta uma sombra agourenta sobre todas as coisas importantes.

Algumas pessoas já reagiram a várias partes deste texto, portanto a versão atual tem uma dívida para com os comentários de Carlos Acuna, Jose Antonio Aguilar Rivera, Jess Benhabib, Pierre Birnbaum, Bruce Bueno de Mesquita, Zhiyuan Cui, Daniel Cukierman, Larry Diamond, John Dunn, Joan Esteban, Roberto Gargarella, Stephen Holmes, John Ferejohn, Joanne Fox-Przeworski, Fernando Limongi, Zhaotian Luo, Boris Makarenko, Bernard Manin, José María Maravall, Andrei Melville, Patricio Navia, Gloria Origgi, Pasquale Pasquino, Molly Przeworski, John Roemer, Pacho Sanchez-Cuenca, Aleksander Smolar, Willie Sonnleitner, Milan Svolik, Juan Carlos Torre, Joshua Tucker, Jerzy J. Wiatr e três críticos anônimos. Tenho uma dívida particular de gratidão para com John Ferejohn, por me obrigar a revisar o esquema analítico.

Introdução

> A crise consiste precisamente no fato de que o velho está morrendo e o novo não pode nascer; nesse interregno, uma grande variedade de sintomas mórbidos aparece.
>
> ANTONIO GRAMSCI, *Cadernos do cárcere*[1]

ALGUMA COISA ESTÁ ACONTECENDO. Sentimentos "antiestablishment", "antissistema", "antielite", "populistas" explodem em democracias amadurecidas. Depois de quase um século durante o qual partidos conhecidos dominaram as políticas democráticas, novos partidos brotam como cogumelos, enquanto o apoio aos tradicionais diminui. A participação eleitoral está em declínio em muitos países, atingindo níveis inéditos. A confiança nos políticos, nos partidos, nos parlamentos e nos governos despenca. Até mesmo o apoio à democracia como sistema de governo está enfraquecido. As preferências populares sobre políticas públicas divergem acentuadamente. Além disso, os sintomas não são apenas políticos. A perda de confiança nas instituições inclui também a mídia, os bancos, as empresas privadas, até as igrejas. Pessoas de orientações políticas, valores e culturas diferentes veem umas às outras cada vez mais como inimigas. Estão dispostas a fazer coisas terríveis.

A democracia está em crise? Esta mudança é histórica? Estamos vivendo o fim de uma era? É fácil ser alarmista, por isso precisamos não perder de vista o quadro geral. Anúncios apocalípticos do "fim" (da civilização ocidental, da história, da democracia) ou da "morte" (do Estado, da ideologia, do Estado-nação) sempre acontecem. Essas declarações são provocadoras, mas não consigo pensar em nada nessa lista que tenha acabado ou morrido. Não ceder ao medo, uma dose de ceticismo, deve ser o ponto de partida. A hipótese nula tem que ser a de que as coisas chegam ao fim, e não há nada de excepcional no que está acontecendo no momento presente. Afinal, pode muito bem ser verdade que, como diria o marxista húngaro György Lukács, "as crises são apenas uma intensificação da vida diária da sociedade burguesa". Vale notar que a biblioteca Widener de Harvard tem mais de 23 600 livros publicados no século XX em inglês contendo a palavra "crise".[2]

Ainda assim, muita gente tem medo de que desta vez seja diferente, de que pelo menos algumas democracias estabelecidas estejam enfrentando situações sem precedentes históricos, de que a democracia pode aos poucos deteriorar-se, "regredir" ou até mesmo sucumbir nessas condições.

Crises da democracia

O que devemos procurar se temermos que a democracia esteja passando por uma crise? Para identificar possíveis crises da democracia precisamos de um aparato conceitual: o que é democracia? O que é crise? A crise já está entre nós ou está se aproximando? Se já está acontecendo, como reconhecê-la? Se ainda não é visível, a partir de que sinais podemos interpretar o futuro?

Somos informados, reiteradamente, de que "A não ser que a democracia seja x ou gere x...". As reticências raramente são explicadas, mas insinuam que determinado sistema não merece ser chamado de "democracia" se certo x não estiver presente, ou que a democracia não vai durar a não ser que x seja satisfeito. A primeira afirmação é normativa, ainda que por vezes se disfarce de definição. Skinner, por exemplo, acredita que um sistema no qual apenas algumas pessoas governam não merece ser chamado de "democracia", ainda que se trate de uma oligarquia competitiva.[3] Rosanvallon, por sua vez, sustenta que "o poder não é considerado plenamente democrático se não for submetido aos testes de controle e validação ao mesmo tempo simultâneos e complementares à expressão da maioria".[4] A segunda afirmação é empírica — a democracia talvez não dure muito se alguns xs não estiverem presentes (ou ausentes). Se a democracia exige certas condições — digamos os "altos salários e educação universal", segundo J. S. Mill —[5] só para funcionar, o sistema fica vulnerável a rupturas quando essas condições estão ausentes. Um mínimo de bem-estar econômico, certo nível de confiança cidadã nas instituições políticas ou um nível básico de ordem pública são bons candidatos a essas condições.

Uma forma de pensar é que a democracia passa por uma crise quando algumas características que consideramos definidoras do sistema democrático estão ausentes. Examinemos uma tríade do que Ginsburg e Huq consideram "os predicados básicos da democracia": eleições competitivas, direitos de expressão e associação assegurados por lei e Estado de direito.[6] Se aceitarmos essa tríade como definidora, temos um checklist já pronto do que devemos procurar para identificar crises da democracia: eleições que não sejam competitivas, violações de direitos, rupturas do Estado de direito. Mas se achamos que a democracia talvez não sobreviva a determinada situação, podemos temer que ela venha a enfrentar uma crise mesmo que essas violações não aconteçam. Podemos continuar com o checklist, mas agora dispomos também de um conjunto de hipóteses que condicionam a sobrevivência da democracia a ameaças potenciais, e somos levados por essas hipóteses a examinar as ameaças particulares. Se essas hipóteses forem válidas, se a sobrevivência do regime depender de alguns aspectos do seu desempenho e ele não gerar os efeitos exigidos, ocorre uma crise — a democracia está em crise.

Algumas características podem ser tratadas alternativamente, ora como definidoras, ora como empíricas. Se definirmos a democracia como Rosanvallon, incluindo restrições contramajoritárias ao governo majoritário, uma "democracia com base constitucional", o desgaste da independência judicial será uma prova imediata de que alguma coisa está errada. Mas também é possível argumentar que se o Judiciário não for independente o governo estará livre para fazer o que quiser, violar o direito liberal ou realizar eleições não competitivas. O problema de acrescentar adjetivos à definição de democracia é que nem todas as coisas boas precisam estar juntas. Quanto mais características — "eleitoral", "liberal", "constitucional", "representativa", "social" — acrescentarmos, maior será o checklist, e mais crises iremos descobrir. A título de comparação, o mesmo checklist pode ser tratado como um conjunto de hipóteses empíricas. É possível, então, investigar empiricamente quais são as condições para que as eleições sejam competitivas, ou para que os direitos sejam observados, ou para que o Estado de direito prevaleça. Se for verdade que as eleições só são competitivas se os direitos forem observados e a lei impere, então tomar uma dessas características como definidora, e tratar as outras como "precondições", é coextensivo. Se elas não forem coextensivas, algum tipo de minimalismo definidor será inevitável: precisamos escolher uma das características potenciais como definidora e tratar as outras como condições hipotéticas, nas quais a característica selecionada é atendida.

Por sua vez, o que consideraríamos crises e como deveríamos diagnosticá-las vai depender de como pensamos a democracia. A ideia de democracia que adoto é "minimalista" e "eleitoral": democracia é um arranjo político no qual as pessoas escolhem governos por meio de eleições e têm uma razoável possibilidade de remover governos de que não gostem (autores que adotam essa opinião incluem Schumpeter, Popper e Bobbio).[7] Democracia é simplesmente um sistema no qual ocupantes do governo perdem eleições e vão embora quando perdem. Assim, investigo as possíveis ameaças de que as eleições se tornem não competitivas ou inconsequentes para quem quer que permaneça no poder. Repetindo: essas ameaças podem incluir violações das precondições para eleições competitivas enumeradas por Dahl[8] — os direitos liberais e as liberdades — porque sem elas o governo vigente não poderia ser derrotado. Elas podem compreender rupturas do Estado de direito e desgaste do poder independente do Judiciário, junto com a perda de confiança em instituições representativas (como na "democracia representativa"), severa desigualdade (como na "democracia social") ou o uso de repressão para preservar a ordem pública (como na "democracia liberal"). Mas trato essas violações como potenciais ameaças à capacidade dos cidadãos de remover governos por eleições, não como características definidoras de democracia.

A relação entre democracia no sentido minimalista e o Estado de direito é particularmente complexa. Em primeiro lugar, há razões lógicas e empíricas para questionar se instituições supramajoritárias, como o bicameralismo ou o veto presidencial, ou instituições contramajoritárias, como as cortes constitucionais ou bancos centrais independentes, são necessárias para garantir o Estado de direito. Gargarella, por exemplo, relaciona vários mecanismos pelos quais uma maioria poderia e desejaria restringir-se a si mesma até na ausência dessas instituições.[9] Como observa McGann, há democracias bem estabelecidas, como o Reino Unido e a Suécia, que não têm separação de poderes nem revisão judicial da Constituição, mas nas quais as maiorias se abstêm de violar direitos.[10] Na verdade, Dixit, Grossman e Gull demonstram de maneira lógica que violações de direito tendem a ser mais escandalosas na presença de instituições supramajoritárias quando um governo conta com apoio supramajoritário.[11]

Em segundo lugar, coloco "Estado de direito", ou "império da lei", entre aspas porque, como diz astutamente Sanchez--Cuenca, "a lei não pode imperar. Imperar é uma atividade, e as leis não podem agir".[12] O que costuma ser visto como uma relação entre democracia e Estado de direito é, na verdade, uma relação entre instituições povoadas: governos e cortes.[13] A lei "impera" quando políticos e burocratas obedecem a juízes, e se políticos cumprem ou não as instruções de magistrados constitucionais isso é um resultado contingente dos seus incentivos eleitorais. Além disso, como veremos adiante, geralmente é quase impossível determinar se certas medidas particulares que eles tomam atendem ou não a normas constitucionais, com juízos individuais, incluindo os dos magistrados constitucionais, obscurecidos pelo partidarismo. Na democracia, o único dispositivo eficaz para disciplinar políticos são as eleições: como observam Dixit, Grossman e Gull, "os indivíduos que governam precisam contar com uma chance considerável de seu poder chegar ao fim [...] e precisam prever a possibilidade de recuperar o poder depois de perdê-lo".[14] Há duas possibilidades: 1) políticos (e burocratas) obedecem a juízes porque se não o fizerem perdem eleições, de modo que "a lei" impera; 2) políticos não obedecem a juízes porque se o fizerem perdem eleições — a maioria não quer que os políticos escutem o que os juízes dizem que podem ou não fazer. O Estado de direito é violado, mas, na medida em que as ações dos políticos forem motivadas pelo medo de perder eleições, o sistema ainda é democrático, pelo critério minimalista. A democracia é "iliberal" — termo posto em voga por Zakaria[15] e adotado pelo primeiro-ministro húngaro Viktor Orbán —, mas é iliberal porque os políticos acham que do contrário perderiam eleições. Se os políticos, no entanto, não obedecem aos juízes mesmo quando a maioria quer que obedeçam porque não temem eleições, o regime não é democrático.

Entendida dessa maneira, a democracia é um mecanismo para processar conflitos. Instituições políticas administram conflitos de modo ordeiro estruturando a forma como antagonismos sociais são organizados politicamente, absorvendo quaisquer distúrbios que possam ameaçar a ordem pública e regulando-os de acordo com certas regras. Uma ordem institucional prevalece se apenas as forças políticas que constituíram acesso formalmente ao sistema representativo se envolverem em atividades políticas, e se essas organizações tiverem incentivos para buscar seus interesses através das instituições e incentivos para tolerarem resultados desfavoráveis por algum tempo. Conflitos são ordeiros se todas as forças políticas esperarem poder alcançar alguma coisa, no presente ou pelo menos num futuro não muito distante, processando seus interesses no âmbito institucional e vendo que há pouca coisa a ganhar com ações fora desse domínio. Consequentemente, a democracia funciona bem quando qualquer conflito que surja na sociedade é conduzido e processado dentro do âmbito institucional, sobretudo através de eleições, mas também de sistemas coletivos de negociação, cortes e burocracias públicas, sem impedir quem quer que seja de ter acesso a essas instituições só por causa da substância de suas demandas. Em resumo, a democracia funciona quando conflitos políticos são processados em liberdade e paz civil.

Os conflitos que dividem uma determinada sociedade em um determinado momento podem ser mais ou menos intensos e dividir a sociedade de formas diferentes, dependendo de se dizem respeito a interesses econômicos, valores culturais, questões simbólicas ou apenas a paixões passageiras. Suas formas, seus temas e sua intensidade decorrem das ações de governos e das alternativas oferecidas por forças políticas rivais. Os riscos inerentes aos conflitos institucionais não refletem apenas a intensidade de antagonismos que surgem na sociedade. Quadros institucionais moldam as formas que tornam conflitos sociais politicamente organizados, alguns aumentando e outros limitando os riscos nos resultados da competição política. Sustento adiante (ver capítulo 8) que a democracia funciona bem quando os riscos inerentes aos conflitos institucionais não são nem pequenos nem grandes demais.[16] Os riscos são baixos demais quando os resultados eleitorais não têm consequências na vida das pessoas, e altos demais quando infligem custos intoleráveis aos perdedores. As pessoas, quando acreditam que os resultados das eleições não fazem nenhuma diferença em sua vida, se voltam contra o sistema, "das System", como na República de Weimar. Quando os perdedores descobrem que o governo adota políticas que prejudicam significativamente seus interesses ou valores, eles se dispõem a resistir ao governo por todos os meios ao seu alcance — incluindo meios violentos —, como fez a burguesia no Chile com o presidente Allende. Por essas razões, a democracia funciona quando alguma coisa está em jogo nas eleições, mas não quando coisas demais estão em jogo.

Uma ênfase da visão "minimalista" da democracia de Schumpeter que costuma ser negligenciada é que governos precisam poder governar e precisam governar com competência.[17] Mais adiante eu mergulho em alguns períodos históricos nos quais o quadro institucional tornava difícil para os governos a função de governar, fosse porque o sistema eleitoral levava à instabilidade, como na República de Weimar e na Quarta República Francesa, ou porque o sistema de separação de poderes provocava um impasse entre o Executivo e o Legislativo, como no Chile de Allende. Para governar com eficácia, governos precisam satisfazer a maioria, mas sem ignorar as opiniões de intensas minorias. Quando conflitos são violentos e a sociedade está altamente polarizada, encontrar medidas aceitáveis para todas as forças políticas importantes é difícil, quando não impossível. Há limites para o que mesmo o governo mais bem-intencionado e competente é capaz de fazer.

Se esse é o padrão, quando é que a democracia está "em crise"? A própria palavra "crise" vem do grego antigo, significando "decisão". Crises são situações que não podem durar e nas quais alguma decisão precisa ser tomada. Elas emergem quando o statu quo é insustentável e nada ainda o substituiu. É isso que queremos dizer quando falamos que "a situação atingiu um ponto crítico": quando os médicos dizem que alguém está em crise, significa que o paciente vai se recuperar ou morrer, mas não pode continuar como está. As crises podem ser mais agudas ou menos agudas: em algumas, o ponto de não retorno pode ser iminente, mas há crises que se arrastam de maneira indefinida, com todos os seus sintomas mórbidos.

A intuição das crises descrita na máxima de Gramsci é que a situação atual é de certa forma insustentável, que alguma ameaça à democracia já se materializou, mas as instituições democráticas continuam funcionando. Embora Marx acreditasse que "novas relações superiores de produção jamais substituem as velhas antes que as condições materiais para sua existência tenham amadurecido no âmbito da velha sociedade",[18] nada garante que, quando as instituições vigentes param de funcionar, outras instituições surjam sobre a terra como um deus ex machina. O que acontece quando as instituições existentes não produzem resultados desejados vai depender de suas propriedades e das instituições alternativas — alguma funcionaria melhor? —, de condições exógenas e de ações das forças políticas relevantes nessas condições. O fato de ocorrer um desastre sob as instituições vigentes não implica que outras instituições funcionariam melhor: essa era a opinião de Winston Churchill sobre a democracia. Mas ainda que alguma alternativa seja viável, pode muito bem acontecer que, em vista das relações de poder político sob as instituições existentes, a situação persista indefinidamente. Crises, portanto, são situações em que a condição sob as instituições vigentes é uma espécie de desastre: nenhuma mudança ocorre, mas poderia acontecer. É isso que vamos examinar adiante: se a situação atual é, de certa forma, ameaçadora e se há sinais de que instituições representativas tradicionais estejam sendo afetadas.

As "crises do capitalismo" merecem um comentário à parte. O capitalismo — instituição que combina propriedade privada dos recursos mais produtivos com alocação destes e distribuição de renda pelos mercados — periodicamente gera "crises", entendendo-se como crises períodos nos quais a renda despenca abruptamente e a inflação se intensifica ou a taxa de desemprego dispara, ou as duas coisas, como ocorreu na "crise de estagflação" dos anos 1970, uma combinação de inflação alta com aumento do desemprego causada por uma elevação nos preços das matérias-primas.[19] Mas crises econômicas são "crises do capitalismo"? Seriam, se esperássemos que, quando a economia está inativa, o capitalismo fosse, ou pelo menos pudesse, entrar em colapso. Mas uma implosão do capitalismo está fora dos domínios do possível. Quando um famoso economista de esquerda, Michal Kalecki,[20] perguntou em 1932, no pior momento da Grande Depressão, "é possível uma saída capitalista para a crise?", seu argumento era que, ainda que os ajustes exigidos para sair das crises econômicas sejam dolorosos e possam levar tempo, o capitalismo é um sistema autocorretivo. Preços e salários podem reagir lentamente, mas oferta e procura se ajustam, a crise passa e o capitalismo continua. Ele pode ser abolido através de uma revolução política — possibilidade aventada por Kalecki e implementada por comunistas —, mas não implode. A lição para compreender as crises é que algumas instituições são impermeáveis aos resultados que geram, de maneira que as crises que ocorrem sob elas não se transformam em crises de instituições.

Desastres que acontecem na democracia, porém, podem se transformar em crises da democracia. Tomando emprestada a lista de Habermas, desastres são situações em que:

- o sistema econômico não produz a quantidade necessária de bens de consumo; ou
- o sistema administrativo não produz a quantidade necessária de decisões racionais; ou
- o sistema de legitimação não fornece a quantidade necessária de motivações generalizadas; ou
- o sistema sociocultural não gera a quantidade necessária de significado motivador de ação.[21]

Isso, no entanto, é abstrato demais para orientar uma pesquisa. Os possíveis candidatos a desastres são as crises econômicas, os conflitos intensos na sociedade e a paralisia política, situações nas quais o governo é incapaz de governar devido à forma específica das instituições democráticas.

Quando achamos que a situação é de certa forma ameaçadora, passamos a procurar sinais — prenúncios de mudança. Vários países, do Canadá em 1931-3 ao Uruguai em 2001-3, passaram por profundas crises econômicas quase sem repercussões políticas e nenhum sinal de enfraquecimento da democracia. Em algumas situações, contudo, crises em outras esferas — econômicas, culturais ou apenas políticas (por exemplo, escândalos de corrupção na Itália em 1993 e no Brasil neste momento) — manifestamente enfraquecem as instituições democráticas estabelecidas. Os sinais visíveis de que a democracia está em crise incluem perda súbita de apoio aos partidos estabelecidos, diminuição da confiança popular nas instituições democráticas e nos políticos, conflitos explícitos sobre instituições democráticas ou incapacidade de os governos manterem a ordem pública sem repressão. Talvez o sinal mais tangível de crise seja o colapso da ordem pública: nas palavras de Linz, "as crises mais sérias são aquelas em que a manutenção da ordem pública fica impossível no âmbito democrático".²² A democracia está em crise quando punhos cerrados, pedras ou balas substituem votos. Ou os ocupantes tornam impossível para a oposição tirá-los dos cargos e esta não tem outra opção a não ser a resistência, ou então não reconhece a legitimidade do governo e este se defende mediante a repressão, ou grupos políticos antagônicos não aceitam os resultados da interação institucional de interesses e partem para o confronto direto, quase sempre violento. Quando essas situações se prolongam por muito tempo, a ordem pública entra em colapso, a vida cotidiana fica paralisada e a violência tende a crescer. Essas crises tornam-se mortais quando a concepção das instituições democráticas gera impasses institucionais, como na República de Weimar ou no Chile sob o presidente Allende.

As instituições podem gerar resultados intoleráveis para alguns e maravilhosos para outros. Além disso, as pessoas têm diferentes apegos normativos: algumas valorizam a liberdade mais do que a ordem, outras estão dispostas a sacrificá-la em troca de trens cumprindo os horários (Mussolini prometeu isso no fascismo, o que não aconteceu). Por essas razões, para entender as crises é preciso pensar em termos de interesses e valores conflitantes. Os pobres ficam insatisfeitos quando sua renda congela, os ricos prezam sua riqueza e seu poder, enquanto outros, sejam pobres ou ricos, talvez se preocupem com a desigualdade política e econômica. As soluções para as crises tendem a ser controversas e sujeitas a conflitos políticos. Dependem do que os atores relevantes fazem naquelas circunstâncias. Nesse particular, portanto, são difíceis de prever. Será que uma redução da desigualdade econômica restauraria a vitalidade política da democracia? Restrições à imigração apaziguariam os sentimentos da direita radical? Poderiam alguns ajustes nas instituições representativas restaurar a confiança nelas? Como numa crise os atores podem preferir caminhos diferentes, com diferentes consequências, o máximo que podemos querer determinar é o que é e o que não é possível, talvez com algumas previsões improvisadas sobre o que é mais provável.

Quais são, portanto, os possíveis efeitos das crises? É preciso dizer que nem todas as crises são mortais: algumas acabam restaurando a situação anterior, uma volta à "normalidade", e às vezes suas origens desaparecem de maneira muito conveniente. A democracia pode entrar em crise quando a sociedade passa por um desastre econômico, mas a crise pode se dissipar com o retorno da prosperidade. Algumas crises, por sua vez, são superadas com reformas parciais: o grupo que se beneficia com as instituições existentes pode fazer concessões aos grupos que mais sofrem com elas. Essas concessões precisam ser verossímeis, porque, do contrário, esses grupos podem achar que serão revogadas quando a crise passar. As concessões, portanto, precisam acarretar algumas reformas institucionais: o exemplo clássico é a extensão do direito ao voto às classes mais baixas, que neutralizou a ameaça de revolução mudando a situação de renda do eleitor decisivo.[23] Mas em se tratando de democracia o que tememos é a perspectiva de algumas forças políticas virem a argumentar, com êxito, que a única maneira de remediar desastres já em curso — crises econômicas, arraigadas divisões na sociedade, ruptura da ordem pública — é o abandono da liberdade política, a união sob um líder forte e a repressão contra o pluralismo de opiniões, em resumo, autocracia, autoritarismo ou ditadura, seja qual for o nome que se queira dar. O cataclismo iminente é que a democracia sofrerá um colapso brusco, ou se desgastará aos poucos até atingir um ponto de não retorno.

O fantasma que nos assombra hoje, acredito, é essa última possibilidade: uma deterioração imperceptível das instituições e normas democráticas, a subversão sub-reptícia da democracia, "o uso de mecanismos legais que existem em regimes com credenciais favoráveis para fins antidemocráticos".[24] Sem sinais manifestos de que a democracia quebrou, a fronteira fica tênue, como evidenciado por rótulos como "autoritarismo eleitoral",[25] "autoritarismo competitivo",[26] "democracia iliberal"[27] ou "regimes híbridos".[28] Retrocesso, desconsolidação e retrogressão não precisam acarretar violações de constitucionalidade e mesmo assim destroem instituições democráticas.

Para resumir esse conceito de "crise da democracia", pensemos da seguinte maneira. Em virtude de choques exógenos, a democracia gera determinados efeitos, positiva ou negativamente avaliados por pessoas com preferências heterogêneas em relação a esses resultados e às instituições democráticas em si. Resultados que ameacem a existência contínua das instituições democráticas tradicionais constituem "desastres". Para saber se uma situação particular se qualifica como crise é preciso interpretar alguns sinais manifestos de que as instituições democráticas estão ameaçadas. Estamos atentos a esses sinais porque eles podem significar prenúncios de colapso democrático ou de desgaste gradual. Soluções potenciais para as crises, contudo, podem incluir a restauração do statu quo institucional, algumas reformas parciais de instituições representativas tradicionais que ainda preservam a democracia, bem como sua destruição abrupta ou gradual.

Por que seriam as democracias vulneráveis a crises? Não devemos esquecer que a democracia é uma minúscula partícula da história humana, recente e ainda rara. Ela só veio ao mundo em 1788, quando a primeira eleição em nível nacional, baseada no sufrágio individual, foi realizada nos Estados Unidos. A primeira vez na história que o leme do governo mudou como resultado de uma eleição foi em 1801, também nos Estados Unidos. O uso da força — golpes e guerras civis — continuou frequente: entre 1788 e 2008, o poder político mudou de mãos como resultado de 544 eleições e 577 golpes. Derrotas eleitorais dos que estavam no poder eram raras até muito recentemente, e mudanças pacíficas de governo menos frequentes ainda: só uma em cada cinco eleições nacionais resultava na derrota dos governantes, e um número ainda menor na transferência pacífica do cargo. Até hoje 68 países, incluindo dois gigantes, China e Rússia, ainda não sabem o que é trocar de governo entre dois partidos como resultado de uma eleição. A democracia é um fenômeno histórico. Desenvolveu-se em condições específicas. Sobreviveu em alguns países, à medida que essas condições evoluíam, mas será capaz de sobreviver em quaisquer circunstâncias?

Duas condições estruturais, acredito, merecem atenção especial. A primeira é que a igualdade política, na qual a democracia supostamente se baseia, coexiste desconfortavelmente com o capitalismo, um sistema de desigualdade econômica. A segunda é a pura e simples busca do poder político, seja ou não baseada em interesses econômicos.

Democracia e capitalismo

A relação entre democracia e capitalismo está sujeita a opiniões contrastantes. Uma alega a afinidade natural da "liberdade econômica" com "liberdade política". Liberdade econômica significa que as pessoas podem decidir o que fazer com sua propriedade e com seu talento para o trabalho. Liberdade política significa que elas podem divulgar suas opiniões e participar da escolha de como e por quem serão governadas. Mas equiparar os conceitos de liberdade nessas duas esferas é apenas jogar com as palavras. Um exame da história mostra que deveríamos nos surpreender com a coexistência de capitalismo e democracia. Em sociedades nas quais apenas algumas pessoas desfrutam da propriedade produtiva e nas quais a renda é distribuída desigualmente por mercados, a igualdade política, combinada com o governo da maioria, representa uma ameaça à propriedade. A rigor, começando com o discurso de Henry Ireton no debate sobre o direito ao voto em Putney em 1647, quase todo mundo achava que ambas não poderiam coexistir. O historiador e político conservador inglês Thomas Macaulay resumiu com clareza em 1842 o perigo representado pelo sufrágio universal à propriedade.

> A essência da Carta é o sufrágio universal. Se você recusa isso, não importa muito o que mais você concede. Se concede isso, não

importa muito o que mais recusa. Se concede isso, o país está perdido [...]. Tenho a firme convicção de que, em nosso país, o sufrágio universal é incompatível não apenas com esta ou aquela forma de governo, e tudo em nome do qual os governos existem; ele é incompatível com a propriedade e é consequentemente incompatível com a civilização.[29]

Nove anos depois, do outro extremo do espectro político, Karl Marx expressou a mesma convicção de que a propriedade privada e o sufrágio universal são incompatíveis:

> As classes cuja escravidão social a Constituição perpetuará, o proletariado, o campesinato, a pequena burguesia, ela [a Constituição] coloca de posse do poder político através do sufrágio universal. E da classe cujo velho poder social ela sanciona, a burguesia, retira as garantias políticas desse poder. Impõe ao governo da burguesia condições democráticas, que a todo momento colocam em risco os próprios alicerces da sociedade burguesa. De uns ela exige que não avancem da emancipação política para a emancipação social; de outros, que não retrocedam da restauração social para a restauração política.[30]

Para Marx, portanto, a combinação de democracia com capitalismo era uma forma de organização da sociedade inerentemente instável, "apenas a forma política de revolução da sociedade burguesa, e não sua forma de vida conservadora",[31] "somente um estado de coisas espasmódico, excepcional [...] impossível como a forma normal da sociedade".[32]

Essas previsões funestas acabaram se revelando falsas. Em alguns países — especificamente treze — a democracia e o capitalismo coexistiram sem interrupções por pelo menos um século, e em muitos outros por período mais curtos, porém mesmo assim consideráveis, na maioria até hoje. Partidos operários que contavam com a abolição da propriedade privada dos recursos produtivos perceberam que esse objetivo era inviável e aprenderam a valorizar a democracia e a administrar economias capitalistas sempre que as eleições os levaram ao poder. Os sindicatos, também vistos de início como uma ameaça mortal ao capitalismo, aprenderam a moderar suas demandas. O resultado foi uma acomodação: partidos operários e sindicatos aceitaram o capitalismo, e partidos políticos burgueses e organizações patronais aceitaram alguma redistribuição de renda. Governos aprenderam a organizar esse entendimento: regular condições de trabalho, desenvolver programas de seguridade social e igualar oportunidades, e ao mesmo tempo promover investimento e contrabalançar ciclos econômicos.[33]

Mas talvez esse arranjo agora tenha se rompido. Os sindicatos perderam boa parte da sua capacidade de organizar e disciplinar trabalhadores, e com isso seu poder de monopólio. Partidos socialistas perderam suas raízes classistas e com elas a distinção ideológica e política. O efeito mais visível dessas mudanças é a queda brusca na parcela de rendimentos do emprego no valor agregado e, pelo menos nos países anglo-saxônicos, um aumento acentuado da desigualdade de renda. Combinada a uma desaceleração do crescimento, a desigualdade faz muitas rendas estagnarem e a mobilidade declinar.

Estaria a coexistência da democracia com o capitalismo condicionada a uma melhoria contínua das condições materiais de vastos setores da população, seja devido ao crescimento, seja por causa da igualdade crescente? A história indica que as democracias estão bem entrincheiradas em países economicamente desenvolvidos e imunes a crises econômicas e a outras crises, mesmo de grande magnitude. Mas será a história um guia confiável para o futuro?

Democracia e a busca do poder

A segunda razão para as democracias atravessarem crises é inerente à competição política. O sonho de todos os políticos é conquistar o poder e preservá-lo indefinidamente. É pouco sensato esperar que partidos rivais se abstenham de fazer o que puderem para aumentar sua vantagem eleitoral, e os governantes dispõem de múltiplos instrumentos para se defenderem da voz das ruas. Conseguem consolidar sua vantagem porque formam uma maioria legislativa e porque dirigem as burocracias públicas. Embora os governantes sejam, por vezes, restringidos por tribunais independentes, o controle da legislação lhes garante a oportunidade de aprovar regulamentações em benefício próprio: basta pensar no registro de eleitores, na manipulação de sistemas eleitorais ou no *gerrymandering*, o conveniente redesenho dos distritos eleitorais. Os tribunais, ou outros organismos independentes, podem invalidar essas tentativas, mas nem sempre têm motivos ou disposição para fazê-lo: há outras maneiras de redefinir os distritos, cada uma com suas consequências eleitorais, que não sejam flagrantemente discriminatórias. Por sua vez, como dirigentes de burocracias ostensivamente apartidárias, governantes podem instrumentalizá-las com objetivos partidários. O controle dos aparelhos de repressão desempenha uma função importante no enfraquecimento de toda a oposição, ou de parte dela. A troca de favores por recursos financeiros é mais uma fonte de vantagens. E, quando tudo o mais falha, o último recurso é a fraude.

A questão é saber por que alguns líderes utilizam esses métodos e outros se contentam em deixar o povo escolher, dispondo-se a deixar o cargo quando a decisão é essa. Seus motivos importam, assim como as restrições. Quando partidos políticos são altamente ideológicos, quando acreditam que questões ou valores essenciais estão em jogo, costumam ver os adversários como inimigos que precisam ser impedidos de chegar ao poder custe o que custar. Na Polônia, o partido governante PiS (Lei e Justiça) acredita que os valores que fazem da Polônia uma nação cristã estão em risco, e que todos os adversários são "traidores". Na Hungria, o presidente Orbán acha que o que está em jogo é se "a Europa continuará sendo o continente dos europeus". Dessa forma, ambos tentam controlar a mídia, restringir a liberdade de associação, aparelham as repartições estatais com apoiadores do partido e interferem nas regras das eleições. Essas ações se destinam a relaxar as restrições eleitorais a que eles estão sujeitos, e tornar a vitória da oposição quase impossível. Mesmo assim, eles enfrentam dificuldades mais políticas do que meramente eleitorais: várias formas de resistência popular, como as grandes manifestações de rua, greves ou tumultos. Nesses casos, o perigo é que conflitos políticos extrapolem as fronteiras institucionais, resultando na ruptura da ordem pública. Eles podem ou não assumir esse risco, e, se assumem, a democracia está em crise.

Uma amostra

Como, então, devemos proceder para determinar se a democracia está em crise agora, ou pelo menos se uma crise é iminente? Para olhar o futuro, para identificar as possibilidades latentes na situação atual, precisamos primeiro ver se é possível aprender alguma coisa com o passado. Em que condições as instituições democráticas deixaram de absorver e regular conflitos pacificamente? Para responder a essa pergunta, a Parte I resume a experiência histórica de todas as democracias que num momento ou em outro se consolidaram, no sentido de terem vivido pelos menos duas transmissões pacíficas de cargo como resultado de eleições, comparando algumas condições observáveis nas democracias que ruíram e nas que sobreviveram. Essas comparações, entretanto, são inevitavelmente estáticas, ao passo que os resultados que emergem nessas condições são bastante contingenciais, dependendo de quem faz o quê e quando. Com o objetivo de desenvolver intuições, entro em mais detalhes em quatro casos: a República de Weimar, entre 1928 e 1933, e o Chile, entre 1970 e 1973, são dois exemplos flagrantes de capitulação da democracia, enquanto a França e os Estados Unidos nos anos 1960 são casos de repressão política e ruptura da ordem que foram resolvidos institucionalmente.

Mas a história não fala por si. Podemos confiar em suas lições? As lições da história são relativamente confiáveis quando as condições atuais imitam as observadas em algum momento do passado, mas duvidosas quando não há precedentes.[34] Assim, para saber se a história pode nos servir de guia, precisamos comparar a situação atual com situações do passado. As condições de hoje são parecidas com as das democracias que ruíram ou com as das que sobreviveram? Ou são excepcionais? Alguns aspectos da situação atual são novos, em particular uma rápida desestabilização dos sistemas partidários tradicionais, assim como a estagnação de salários baixos e o fim da crença no progresso material. Mas as relações de causa e efeito estão longe de ser óbvias. A conjuntura política atual é impulsionada por tendências econômicas ou por transformações culturais ou independe das mudanças na economia e na sociedade? Em que nível devemos buscar explicações: tendências gerais, como a globalização, ou situações específicas de indivíduos particulares, digamos aqueles que temem perder empregos decentemente pagos? São essas as questões examinadas na Parte II.

Para avaliar as perspectivas do futuro, precisamos entender como a democracia funciona quando opera bem, tema do capítulo teórico que abre a Parte III. Com essa compreensão, podemos examinar o pressentimento e a possibilidade não identificada de um desgaste gradual da democracia, sua subversão por governos eleitos. Por fim, ainda que sejamos incapazes de dizer o que mais provavelmente virá em seguida, podemos pelo menos conjecturar sobre o que é e o que não é possível. Isso pode acontecer aqui?

PARTE I

O passado: crises da democracia

PARA SABER O QUE podemos aprender com a história, precisamos analisar a experiência de democracias que durante alguns períodos funcionaram de acordo com regras institucionais. Há democracias em que o controle sobre o governo mudou pelo menos duas vezes, em consequência de eleições, sem que se resistisse ao resultado das urnas com o uso da força. A razão de limitar os casos dessa forma é que precisamos analisar democracias nas quais partidos rivais aprenderam que perder eleições não é nenhum desastre, que se pode perder e voltar ao poder, e em que as forças políticas por trás dos partidos têm uma chance de ver que podem proteger ou promover seus interesses conduzindo seus esforços dentro do quadro institucional. Esse número é bastante grande: a partir de 1918, 82 democracias atenderam ao critério de ter passado por pelo menos duas transferências de poder.

Treze delas sofreram colapso de maneira palpável. Note-se, porém, que a linha que separa democracias de não democracias, ou qualquer outro nome que se queira dar, nem sempre é clara. Mesmo há trinta anos, quando Alvarez et al. tentaram classificar regimes como democracias e ditaduras, houve um conjunto de casos sobre os quais foi impossível chegar a uma conclusão.[1] Eles eram simbolizados por Botsuana, um país onde todas as liberdades pareciam ter sido respeitadas mas o mesmo partido vinha ganhando as eleições durante trinta anos (e agora durante quase sessenta). A solução para essa dificuldade, que depois tomou corpo, foi usar uma classificação tricotômica, introduzindo os rótulos "regimes híbridos", "semiautoritarismo" ou "autoritarismo eleitoral", que no entanto servem apenas para disfarçar o fato de que há situações que não sabemos classificar. Agora, quando proliferam rapidamente regimes que permitem alguma oposição mas ainda assim dão um jeito de ganhar as eleições, o problema se agravou. O argumento central do capítulo 9 é que, quando as democracias "retrocedem", não existem limites claros a serem cruzados. Busco classificações da Venezuela em várias fontes de dados e descubro que ninguém sabe dizer se ela ainda é uma democracia ou se deixou de ser e quando. Portanto, no fim das contas, há casos nos quais o colapso é manifesto, marcado por algum "evento decisivo", mas há outros em que a democracia despenca por uma encosta contínua, de modo que não só não dispomos de marcadores distintos mas também podemos discordar razoavelmente sobre se um determinado regime ainda é democrático ou já passou do ponto de não retorno. Aqui examino apenas as rupturas marcadas por acontecimentos manifestos, "determinantes", e discuto o desgaste gradual da democracia no capítulo 9.

De acordo com Magaloni, entre as mortes manifestas da democracia ainda deveríamos apontar suas diferentes formas de colapso: algumas são destruídas por golpes militares, outras morrem quando políticos que assumem o cargo de maneira legal conseguem remover todas as restrições ao seu poder e erradicar qualquer oposição organizada.[2] Golpes — pelo menos os que levaram à morte da democracia, como no Chile em 1973 — são acontecimentos inconfundíveis. A usurpação do poder por governantes pode ser lenta e gradual, mas em muitos casos os pontos de ruptura são óbvios. O fim jurídico da democracia de Weimar foi assinalado por um "evento decisivo": a autorização dada pelo Reichstag (o parlamento) em 23 de março de 1933 para que o governo agisse de maneira inconstitucional. Na Estônia, o colapso da democracia foi marcado pela decretação da lei marcial e pelo adiamento das eleições pelo primeiro-ministro Konstantin Pars em 12 de março de 1934.

Para saber se a história pode nos mostrar a que devemos prestar atenção quando analisamos a situação atual, comparo algumas condições das democracias que sobreviveram e das que ruíram no passado. Concentro-me, em especial, nos efeitos de diferentes tipos de crise: econômicas, culturais ou políticas. Essas comparações, no entanto, nos dizem muito pouco sobre a dinâmica contingente das crises, o desfecho de acontecimentos sob condições variadas. A seguir, mergulho em algumas crises importantes sob as quais democracias ruíram ou sobreviveram. Por fim, tento tirar lições, perguntando o que deveríamos procurar na situação política atual, caso o passado fosse se repetir.

1. Tendências gerais

A INTENÇÃO DESTE CAPÍTULO é analisar se os colapsos e a sobrevivência da democracia estão associados a algumas diferenças notáveis entre países que passam por essas experiências. Não sou o primeiro a fazê-lo: a literatura sobre o assunto é volumosa, e até agora tecnicamente sofisticada. Quase todos concordam que é improvável o colapso da democracia em países economicamente desenvolvidos; há forte evidência de que em países menos desenvolvidos a democracia é vulnerável à desigualdade de renda, e que, quanto mais velhas são, é mais provável que continuem existindo. Saber se alguma outra coisa importa — quadros institucionais, fragmentação etnolinguística ou religiosa, níveis educacionais e assim por diante (a lista é longa) — é mais controverso. Embora limite o seu alcance a democracias que em dado momento se consolidaram, a análise aqui reproduz algumas dessas descobertas. Meu interesse particular é o efeito de diferentes tipos de crise: econômicas, políticas de amplo espectro e estritamente governamentais. As análises estatísticas apresentadas a seguir são puramente descritivas, portanto não se deve fazer qualquer inferência sobre causalidade. A função deste capítulo é apenas chegar a uma lista de fatores que possam nos informar sobre o que devemos procurar na situação atual.

As democracias consolidadas que entraram em colapso estão relacionadas na Tabela 1.1. As que ainda existem incluem quatro países africanos (Benim, Cabo Verde, Gana e Maurício), onze países centro e sul-americanos, várias ilhas do Caribe e pequenas ilhas do Pacífico, Índia, Indonésia, Taiwan e todos os membros atuais da OCDE.

TABELA I.I Democracias que passaram por pelo menos duas alternâncias depois de 1918 e ruíram

País	Ano da segunda alternância	Ano em que ruiu	Alternâncias	Modo
Alemanha	1928	1933	3	De cima
Estônia	1932	1934	2	De cima
Grécia	1951	1967	2	Golpe
Chile	1952	1973	4	Golpe
Sri Lanka	1960	1977	3	De cima
Filipinas	1961	1965	2	De cima
Ilhas Salomão	1989	2000	2	Golpe
Peru	1990	1990	2	Legal
Equador	1992	2000	3	Golpe
Tailândia	1996	2006	3	Golpe
Paquistão	1997	1999	2	Golpe
Bangladesh	2001	2007	2	De cima
Honduras	2005	2009	2	Golpe

Nota: Por ordem de data da segunda alternância. "Alternâncias" se refere ao número de alternâncias na época em que a democracia entrou em colapso. Modo: "De cima" se o poder foi usurpado pelo mais alto executivo que chegou ao cargo por meios constitucionais. "Golpe" se a democracia entrou em colapso devido a um golpe militar. Apenas os colapsos assinalados por "eventos decisivos" estão incluídos.

Fonte: Boix, Miller e Rosato (2012) para classificação de regimes, pesquisa própria para modo.

As democracias remanescentes sobreviveram, mas isso não significa que não tenham enfrentado algum tipo de desastre. Vários países onde a democracia sobreviveu passaram por graves crises econômicas — por mim definidas como períodos nos quais a renda per capita caiu pelo menos 10% durante anos consecutivos — sem grandes repercussões políticas: Canadá (1931-3), Estados Unidos (1932-4 e 1946-8), Reino Unido (1946-7), Jamaica (1976-8), Costa Rica (1982-3), Finlândia (1992-3), Venezuela (1980-5) e Uruguai (2001-3). Na realidade, apenas três democracias consolidadas entraram em colapso depois de crises econômicas assim definidas: Alemanha (1933), Equador (2000) e Peru (1990). Dessa forma, as transformações de crises econômicas em crises políticas estão longe de ser automáticas. Lindvall comparou efeitos eleitorais das crises econômicas de 1919-32 e 2008-11 e descobriu que eram muito parecidos.[1] Em ambos os períodos, governantes perderam votos e eleições realizadas logo depois da crise favoreceram a direita, enquanto as realizadas mais tarde não produziram nenhuma oscilação para a esquerda. Por essas razões, se uma democracia sobrevive a uma crise econômica, seus efeitos eleitorais têm curta duração.

Muitas democracias superaram crises políticas. Na Tabela 1.2, incluo como crises políticas situações nas quais: há entendimentos conflitantes sobre quem deveria governar; os tribunais apropriados declaram que o governo violou a

TABELA 1.2 Incidência de crises econômicas e sobrevivência da democracia

Crises	Sobreviveram	Ruíram	Total	Incidência
Nenhuma	66	10	76	1/7,6
Sim	9	3	12	1/4,0
Total	75	13	88	1/6,8

Nota: Crises são situações em que a renda per capita caiu pelo menos 10% durante anos consecutivos. Os dados indicados na tabela referem-se ao número de países.
Fonte: Maddison (2011) para dados sobre renda, Boiz, Miller e Rosato (2012) para classificação de regimes.

Constituição ou seus membros não estão legalmente aptos para continuar servindo (em geral, acusados de corrupção); um conflito entre poderes distintos torna o governo incapaz de funcionar; ou um governo é obrigado a renunciar ou reprimir a oposição por pressão popular ou ameaça dos militares, e não por decisão do organismo competente (seja o Legislativo ou o Judiciário). Negociações sobre formação de governo que se estendem indefinidamente em sistemas parlamentares — o recorde negativo é da Bélgica, onde demoraram 353 dias em 2011 — não são consideradas crises, bem como procedimentos de impeachment em sistemas presidenciais, desde que a sucessão obedeça a regras constitucionais em tempo hábil. Essas crises ocorreram em dez democracias consolidadas — que sobreviveram. Em ordem cronológica, surgiram na França (1958), nos Estados Unidos (1973-4), na Jamaica (1983), na República Dominicana (1994), na Guiana (1997), na Argentina (2001-3), na Romênia (2007), na Ucrânia (2014), em Maurício (2014) e na Guatemala (2014-5). A maioria dessas crises desaguou numa eleição a seguir. Notavelmente, o statu quo institucional anterior foi restaurado em todos os casos, exceto na França, onde a crise resultou numa mudança da Constituição. Mas, como mostra a Tabela 1.3, essas crises políticas são perigosas: cinco de quinze democracias que passaram por elas entraram em colapso.

Quais são, portanto, as diferenças entre essas democracias que ruíram e as que continuam a funcionar, incluindo aquelas que enfrentaram crises políticas e econômicas? Infelizmente, informações sistemáticas são escassas. Mas algumas tendências se destacam.

TABELA 1.3 Incidência de crises políticas e sobrevivência da democracia

Crises	Sobreviveram	Ruíram	Total	Incidência
Nenhuma	65	8	73	1/9,1
Sim	10	5	15	1/3,0
Total	75	13	88	1/6,8

Nota: Crises são definidas no texto. Os dados indicados na tabela referem-se ao número de países.

Fonte: Pesquisa própria para crises, Boix, Miller e Rosato (2012) para classificação de regimes.

A diferença mais notável, que não é novidade para estudantes de transições de regime, é a de renda per capita. Já há algum tempo sabemos que as democracias são inexpugnáveis em países economicamente desenvolvidos. Przeworski e Limongi observaram que a probabilidade de sobrevivência da democracia aumenta acentuadamente se a renda aumentar, e que nenhuma democracia num país com renda per capita maior do que a da Argentina em 1976 até hoje entrou em colapso, embora tenha acontecido na Tailândia em 2004, com renda um pouco mais alta.[2] A tendência geral, porém, permanece a mesma e, como mostra a Tabela 1.4, é muito forte também nas democracias consolidadas. Sessenta e nove democracias consolidadas duraram um total de 1957 anos com rendas mais altas do que a da Tailândia em 2006, e nenhuma delas ruiu.

O crescimento econômico era muito mais lento em democracias que ruíram do que nas que sobreviveram. A diferença é grande: a economia de países onde a democracia ruiu estava quase completamente estagnada. Outra fonte, Maddison, que inclui um período anterior e termina em 2008, mostra uma diferença ainda maior.[3] Dessa forma, mesmo que crises econômicas de curto prazo não ameacem a democracia, a estagnação prolongada de renda pode ameaçar.

Embora o número de observações seja baixo, está claro que as democracias que ruíram tinham uma distribuição de renda mais desigual. Em termos funcionais, a participação do fator trabalho também era mais baixa nesses casos. O coeficiente de Gini de rendas brutas (mercado, pré-tributação) era mais

TABELA I.4 Algumas diferenças entre democracias que ruíram e que sobreviveram antes de 2008

	Sobreviveram	Sobreviveram	Ruíram	Ruíram	Probabilidade[e]
	N	Médias	N	Médias	
PIB/cap[a]	1484	18 012	103	5770	1,00
Crescimento[a]	1471	0,0031	103	0,011	1,00
Participação fator trabalho[a]	1397	0,60	96	0,50	1,00
Coeficiente de Gini bruto[b]	1148	42,6	64	44,6	1,00
Coeficiente de Gini líquido[b]	1148	33,8	64	44,6	1,00
Regime[c]	1739	0,55	124	1,18	1,00
Crises de governo[d]	1689	0,17	140	0,44	1,00
Tumultos[d]	1689	0,53	140	0,73	0,89
Greves[d]	1689	0,13	140	0,26	0,99
Manifestações[d]	1689	0,64	140	0,63	0,49

Nota: Os dados indicados na tabela referem-se ao número de observações anuais (até 2014) e aos valores médios de variáveis particulares. (a) De PWT 9.0. (b) Coeficientes de Gini de rendas bruta e líquida, de SWIID (2014). (c) Regime = 0 se parlamentar, Regime = 1 se misto, Regime = 2 se presidencial, de Cheibub, Gandhi e Vreeland (2010). (d) De CNTSDA, Wilson (2017). (e) A probabilidade de que a diferença de médias não se deva ao acaso. Baseado em teste t com variáveis desiguais.

alto entre as democracias que pereceram, assim como era mais alta a desigualdade de rendas líquidas (pós-tributação). A comparação desses coeficientes mostra que as democracias que sobreviveram foram aquelas que redistribuíram uma boa parte das rendas, enquanto as que ruíram não redistribuíram nada.

Deixando para trás a economia, outra diferença notável é a que se verifica entre os sistemas democráticos de instituições: parlamentares, mistos (semipresidenciais) e presidenciais. A fraqueza das democracias presidenciais é evidente. Havia 44 democracias parlamentares consolidadas, e, dessas, seis ruíram, 1 em 7,3; dezesseis sistemas mistos (ou semipresidenciais), dos quais um ruiu; e 26 presidenciais, dos quais seis ruíram, 1 em 3,7. A diferença não se deve ao sistema em si: Cheibub mostra que as democracias presidenciais são frágeis quando sucedem ditaduras militares e não civis.[4] Ainda assim, levando em conta o papel tradicional dos militares na América Latina, as democracias presidenciais eram particularmente vulneráveis a crises de governança. A grande diferença entre os sistemas parlamentar e presidencial é que o primeiro tem um mecanismo embutido para mudar governos que não conseguem lidar com crises e se tornam impopulares: a moção de censura. Nos sistemas presidenciais, porém, o principal executivo é eleito para um mandato fixo e nomeia seu gabinete, na melhor das hipóteses sujeito a aprovação do Congresso. A não ser que cometa atos ilegais, o presidente continua no cargo, independente da sua capacidade de governar, ainda que sua popularidade despenque para números de um dígito e ele não tenha apoio legislativo.

A frequência de crises de governo é também muito mais alta nas democracias que ruíram. Essa informação precisa ser aceita com alguma desconfiança: sua fonte, o Cross-National

Time-Series Data Archive (CNTSDA),[5] oferece apenas uma vaga definição de "grandes crises de governo" e alerta que os dados podem não ser confiáveis. Apesar disso, comparando as proporções de democracias que entraram em colapso em diferentes arranjos institucionais, determinadas crises de governo mostram que sistemas presidenciais são altamente vulneráveis quando uma crise explode. A Tabela 1.5 mostra que os efeitos dessas crises não são estatisticamente significativos em sistemas parlamentares, ao contrário do que acontece em sistemas que têm presidentes eleitos de forma direta.

Uma característica desconcertante dos padrões mostrados na Tabela 1.4 é a diferença entre distintas formas de mobilização popular contra o governo. Aqui também não se deve confiar demais nos dados, mas é notável que, embora as democracias que ruíram tivessem uma alta incidência de greves gerais e desordens, a frequência das manifestações contra o governo era a mesma. Vale ressaltar que a simples aparição de um grande número de pessoas nas ruas não indica necessariamente uma crise. Em algumas democracias, manifestações pacíficas fazem parte do repertório de políticas democráticas, um costume rotineiro de informar ao governo que algumas pessoas têm profundo envolvimento emocional com determinadas questões, seja a favor ou contra suas políticas. A propensão a sair às ruas varia muito nas democracias — é frequente na França e extremamente rara na Noruega, comum na Argentina e escassa na Costa Rica, refletindo, talvez, diferenças de cultura política. O que as tendências estatísticas parecem indicar é que o recurso à manifestação contra o governo é apenas um aspecto da vida diária das democracias. Há uma ressalva óbvia, porém, e que aparecerá adiante: desde que essas manifestações não degenerem em violência física.

TABELA 1.5 Probabilidade de colapso democrático em razão do número de crises governamentais e sistemas institucionais

Crises[a]	Parlamentar	Presidencial	Total
0	0,030 (1213)	0,097 (496)	0,048 (2184)
1	0,045 (157)	0,320 (37)	0,087 (242)
2	0,120 (33)	0,333 (9)	0,158 (57)
› 2	0,00 (7)	0,430 (7)	0,221 (23)
Total	0,034 (1410)	0,120 (549)	0,057 (2478)
Probabilidades[b]	0,115	0,000	0,000
Gama	0,154	0,092	0,081

Nota: Os dados indicados na tabela referem-se às probabilidades de que a democracia entre em colapso em razão da quantidade de crises, com números de observações entre parênteses. (a) Número de crises durante determinado ano. (b) As probabilidades são de que o valor da estatística abaixo seja mais alto do que um limiar de valor (significado estatístico das diferenças).

Fonte: Pesquisa própria para crises, Cheibub, Gandhi e Vreeland (2010) para sistemas institucionais, Boix, Miller e Rosato (2012) para classificação de regimes.

Por fim, um fator crucial não considerado até agora é a experiência anterior de democracia. Cornell, Møller e Skaaning advertem que é arriscado traçar analogias entre o colapso de democracias nos anos do entreguerras e a situação atual.[6] De maneira notável, eles mostram que, apesar da turbulência do entreguerras, nenhuma das doze democracias existentes por pelo menos dez anos antes da Primeira Guerra Mundial ruiu, ao passo que doze das quinze que surgiram logo depois ou imediatamente antes da guerra entraram em colapso no entreguerras. De modo mais geral, Przeworski atenta que a probabilidade de uma democracia ruir diminui rapidamente à medida que o país acumula a experiência de alternâncias pacíficas no cargo como resultado de eleições.[7] Entre as 88 democracias consolidadas, uma em dez entrou em colapso quando o período democrático particular não assistiu a mais de três alternâncias, e apenas uma, no Chile, caiu quando o número de alternâncias anteriores chegou a quatro.*

Juntando essas tendências, aqui estão as lições que podem ser tiradas dessas comparações entre democracias que ruíram e democracias que sobreviveram. Economia é uma questão importante; tanto a renda na qual as democracias se consolidam como o crescimento econômico subsequente distinguem de maneira marcante os diferentes resultados. A desigualdade, funcional e familiar, também importa. Democracias presidenciais são mais inclinadas a cair, sendo particularmente vulneráveis a crises governamentais. Por fim, embora tumultos e greves enfraqueçam a democracia, se não forem violentos não há por que temermos que manifestações contra o governo a debilitem.

---

* Utilizo adiante, várias vezes, uma contagem de "agitação": a soma de tumultos, assassinatos, greves gerais e manifestações contra o governo de uma coleção de dados iniciada por Banks (1996) e continuada por Wilson (2017), à qual me refiro como CNTSDA. Esses dados parecem comparáveis em países e no tempo durante o período inicial, mas adquirem um viés como resultado da crescente cobertura midiática durante o período recente e da atenção desigual prestada a países pequenos e grandes.

2. Algumas histórias

As comparações que apresentamos são estáticas: resumem condições comuns nas democracias que sobreviveram e nas que entraram em colapso. Mas as histórias transcorrem como sequências de acontecimentos acidentais, não sendo determinadas apenas por condições existentes. Nem tudo que aconteceu tinha que acontecer. Para capturar essas dinâmicas, conto quatro histórias: os colapsos da democracia na República de Weimar e no Chile e as crises políticas solucionadas institucionalmente nos Estados Unidos e na França. Incluo a Alemanha — caso no qual um político chegou ao governo constitucionalmente e usurpou o poder, ainda constitucionalmente, quando já estava no comando — porque o colapso da democracia de Weimar é bastante usado como presságio. Incluo o Chile porque, mutatis mutandis, foi um caso paradigmático no qual os militares atuaram em defesa do capitalismo e a democracia veio abaixo por meio de um golpe militar. As crises políticas nos Estados Unidos e na França compartilham uma combinação de conflitos intensos sobre guerras externas com questões internas muito polarizadoras. Nos Estados Unidos de Nixon, o perigo era a usurpação do poder pelo governante, ao passo que na França no fim dos anos 1950 a ameaça era um golpe militar, de modo que esses casos são comparáveis, respectivamente, aos da Alemanha e do Chile. Nos dois países, as crises foram resolvidas institucionalmente, mas de maneiras diversas: nos

Estados Unidos as instituições existentes superaram a crise e saíram intactas, enquanto na França a solução envolveu conflito e implicou importantes reformas institucionais.

Em cada caso começo descrevendo a história de um determinado período da democracia e em seguida desenvolvo a análise esquemática das crises anunciadas. Identifico os "desastres" que expuseram a democracia a uma ameaça, procuro sinais de que o regime estava sendo enfraquecido, e por fim narro os desfechos das crises. Como cada uma dessas histórias é tema de muitos volumes já publicados, as poucas páginas que lhes dedico são obrigadas a se abster de muitas complexidades. Além disso, trata-se de situações dramáticas que despertaram muitas paixões políticas na época e continuam a alimentar controvérsias, algumas ainda bastante partidárias, até hoje. Meu único objetivo ao reconstituí-las é buscar lições que possam iluminar nossa situação política atual, de modo que sua apresentação é inevitavelmente parcial e esquemática. O que quero entender é como as crises surgiram e foram resolvidas, pela força ou recorrendo-se às instituições.

Alemanha, 1928-33

1. Democracia. A democracia, ou mais exatamente a "República", foi uma solução improvisada diante de uma pressão externa para abolir a monarquia, vista desde o início por várias forças políticas como provisória. Ela contava com o apoio dos eleitores: a "coalizão de Weimar", formada pelo Partido Social-Democrata (SPD), pelo partido católico Zentrum (Z) e pelo Partido Democrático Alemão (DDP), recebeu 76% dos votos na eleição de 1919.

Mas vários setores da direita eram monarquistas ou autoritários e jamais aceitaram a forma republicana de governo, enquanto a extrema esquerda, primeiro o Partido Social-Democrata Independente (USPD) e depois o Partido Comunista (KPD), estava empenhada numa revolução socialista, se necessário pela força.

Apesar disso, até 1930 os governos alemães foram formados como resultado de eleições. A primeira alternância ocorreu em 1920, quando o SPD foi obrigado a deixar o governo encabeçado por um primeiro-ministro do Zentrum, Constantin Fehrenbach, e a segunda em 1928, quando o SPD retornou ao governo com Hermann Müller como primeiro-ministro (apesar de o Zentrum permanecer na coalizão governamental).

2. Ameaças. A República de Weimar nasceu do desastre da derrota da Alemanha na Primeira Guerra Mundial. Durante toda a sua existência, os termos do acordo da guerra — as condições do armistício de novembro de 1918 e do Tratado de Versalhes de 1919 (o abandono de uma forma monárquica de governo, a perda de território, a proibição de unificação com a Áustria, a proibição de rearmamento e as indenizações) — continuaram a ser extremamente polarizadores.

Desastres econômicos atacaram duas vezes. A desigualdade de renda não era particularmente alta: segundo Jung,[1] o coeficiente de Gini era de cerca de 0,33, mas quando ele é inferido dos dados sobre as rendas mais altas[2] o que se tem é um Gini de cerca de 0,36. No entanto, a história de Weimar foi assinalada por duas crises econômicas: a hiperinflação de 1923 e o desemprego resultante do colapso de 1929. A hiperinflação redistribuiu a renda de poupadores para tomadores de empréstimo, com a renda média caindo 17,4%. O índice de desemprego subiu de cerca de 3% em 1925 para 12% em meados de 1930 e 25% em 1932, com empregos civis caindo de cerca de 20 milhões em 1928 para em torno de 13 milhões no primeiro trimestre de 1932.[3] A renda per capita caiu 18,9% no acumulado entre 1928 e 1932. As duas crises intensificaram conflitos sobre políticas econômicas, sobretudo o seguro-desemprego, além de reacenderem disputas sobre o pagamento de reparações de guerra.

A sociedade alemã estava intensamente polarizada quanto à democracia e ao capitalismo. A direita nacionalista desenvolveu uma interpretação da derrota que atribuía suas causas à traição de socialistas e democratas, uma "facada nas costas" (*Dochstosslegende*), e não ao que ocorreu nos campos de batalha. Os partidos que aceitaram as condições do armistício foram apelidados pelos nacionalistas de "criminosos de novembro". Ideias antidemocráticas de todos os tipos, não só nazistas, continuaram fortes durante o período.[4] O Partido Comunista oscilou entre estratégias puramente insurrecionais e eleitorais até 1928, quando sob a direção do Comintern adotou uma postura de "classe contra classe", na expectativa de que a crise econômica mobilizasse as multidões a favor de uma revolução comunista.[5] A polarização era tão acentuada que uma testemunha daqueles anos observou que tudo que se conseguia ouvir era "viva!" ou "morra!".[6]

Sucessivos governos padeciam de instabilidade e, com frequência, de incapacidade de governar. Em razão da estrutura de fragmentação política e do sistema institucional — sobretudo o sistema eleitoral —, formar governos de maioria que fossem suficientemente homogêneos para funcionar era quase impossível. O sistema eleitoral alemão baseava-se na representação proporcional sem cláusula de barreira, levando a uma proliferação de partidos no Reichstag. Embora a eleição de 1919 tenha sido dominada pela coalizão de Weimar e gerado um número efetivo de 4,1 partidos, esse número cresceu para 6,4 em 1920, 7,4 depois da primeira eleição de 1924 e 6,2 após a segunda eleição desse mesmo ano, 6,2 novamente em 1928, 7,1 em 1930, e, quando os nazistas se tornaram o partido majoritário, 4,3 na primeira e 4,8 na segunda eleição de 1932. Os números de partidos em disputa eram atordoantes: de dezoito em 1919 para 26 em 1920, 29 em maio de 1924, 28 em dezembro de 1924, 41 em 1928, 37 em 1930, 62 em julho de 1932 e 61 em novembro de 1932. Mas até 1932 o SPD continuou sendo o partido majoritário. O Partido Popular Nacional Alemão (DNVP) foi segundo ou terceiro até 1930, quando perdeu para os nazistas e para o KPD. O Zentrum foi sempre terceiro ou quarto. O DDP (DStP a partir de 1930) e o DVP (Partido Popular Alemão) também foram enfraquecidos pelo avanço dos nazistas e do KPD até 1930. Por fim, o Partido Popular Bávaro (BVP, ala bávara do Zentrum) jamais foi afetado pelas mudanças, conquistando cerca de vinte cadeiras durante todo o período. Assim, pelo menos até 1930 a distribuição de cadeiras parlamentares não era particularmente instável. O mesmo, contudo, não pode ser dito das coalizões governamentais. De 11 de fevereiro de 1919 a 30 de janeiro de 1933, quando Hitler se tornou *Reichskanzler*, a República de Weimar teve 22 gabinetes, com duração média de 243 dias. O mais curto foi o segundo governo de Stresemann em 1923, e o mais longo a ampla coalizão encabeçada por Müller depois da eleição de 1928.

Lepsius situa os partidos em duas dimensões: capitalistas em oposição a socialistas e autoritários em oposição a democráticos.⁷ Sua classificação na dimensão pró-democracia é SPD e DDP, seguidos de perto por Z + BVP, e depois, a certa distância, DVP, DNVP e KPD, e finalmente NSDAP (Partido Nacional-Socialista dos Trabalhadores Alemães). Sua classificação na dimensão socialista é KPD, SPD, no centro DDP, Z + BVP e NSDAP, seguidos por DNVP e então pelo DVP. O SPD estava comprometido com a democracia e era de esquerda em questões econômicas: seu Programa Heidelberg de 1925 propunha a socialização dos meios de produção, e suas diretrizes no governo promoviam direitos trabalhistas e várias políticas sociais. O Zentrum e o DDP continham uma ampla variedade de posições econômicas: o DDP era resolutamente democrático, mas o Zentrum continha monarquistas. O BVP, a ala bávara do Zentrum, era mais conservador e monarquista. O DVP era nacionalista, conservador do ponto de vista fiscal e brando com relação à democracia. O DNVP era nacionalista, um pouco menos de direita em questões econômicas do que o DVP, antirrepublicano e pró-monarquia. Note-se que Z, DVP e DNVP passaram para a direita mais ou menos em 1930. Os dois partidos jamais incluídos em coalizões foram o KPD e o NSDAP.

A Figura 2.1 mostra como deve ter sido a distribuição dos partidos no espaço. Se o mapeamento estiver correto, quase todas as coalizões eram ideologicamente contíguas, exceto o governo Marx IV (27 de janeiro de 1927 a 28 de junho de 1928), que não incluiu o DDP, e a coalizão Brüning II (15 de setembro de 1930 a 1º de junho de 1932), que não incluiu o DVP. A coalizão de centro-esquerda, que incluía SPD, Z e DDP, jamais foi majoritária depois de 1920, como não foi majoritária a coalizão de centro-direita de Z, DDP e DVP (mais frequentemente BVP). Coalizões majoritárias teriam que incluir o SPD com o DVP ou o

Z e o DDP com o DNVP. A primeira dessas coalizões foi formada duas vezes, sob Stresemann I (13 de agosto de 1923 a 3 de novembro de 1923) e Müller II (28 de junho de 1928 a 29 de março de 1930), mas em ambos os casos o SPD não conseguiu chegar a um acordo com o DVP em questões econômicas. A segunda foi formada uma vez, sob Luther I (15 de janeiro de 1925 a 26 de outubro de 1925), mas o DNVP saiu depois dos Tratados de Locarno. Parece que a distância entre o SPD e o DVP era grande demais em questões econômicas, e entre o Z e o DNVP quanto ao nacionalismo, de modo que qualquer coalizão majoritária era frágil demais para durar todo o período eleitoral.

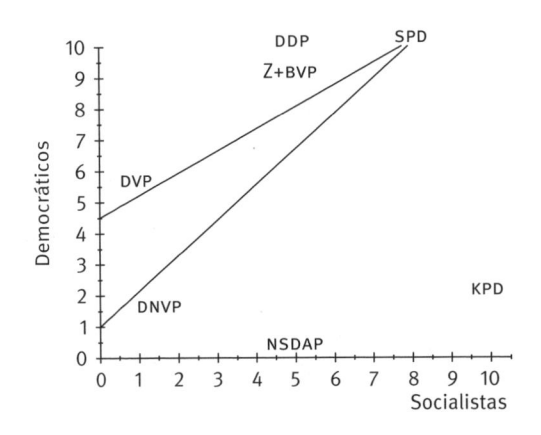

FIGURA 2.1 Suposta localização dos partidos políticos no espaço esquerda-direita e democrático-autoritário

Partidos: SPD (Partido Social-Democrata), Z (Zentrum), DDP (Partido Democrático Alemão; mudou de nome para DSTP em 1930), DVP (Partido Popular Alemão), BVP (Partido Popular Bávaro), DNVP (Partido Popular Nacional Alemão), NSDAP (Partido Nacional-Socialista dos Trabalhadores Alemães), KPD (Partido Comunista).

Os partidos estavam longe de ser homogêneos e disciplinados. Em vários casos primeiros-ministros descobriam que não contavam com o apoio dos próprios partidos nos vários acordos políticos por meio dos quais tentavam salvar as coalizões. Quem melhor descreve essa situação é Lepsius:

> A coerência de um governo era alcançada pela interação de umas poucas personalidades capazes de exercer influência dentro de seus partidos para convencê-los a tolerar o governo, questão por questão [...]. O governo tornava-se mais dependente das prerrogativas do *Reichspräsident* e se via como uma agência independente que precisava continuar governando através da contínua administração de crises, apesar do parlamento fragmentado.[8]

3. Sinais.[9] A democracia alemã nasceu da violência da Primeira Guerra Mundial, e nasceu violenta. Desde o início,

> partidos políticos se associavam a bandos armados e uniformizados, tropas paramilitares cuja tarefa era montar guarda em reuniões, impressionar a opinião pública marchando em formação pelas ruas e intimidar, surrar e vez por outra matar membros de unidades associadas a outros partidos políticos. As relações entre políticos e paramilitares costumavam ser marcadas pela tensão, e organizações paramilitares mantinham maior ou menor grau de autonomia; ainda assim, sua natureza política era quase sempre clara o suficiente.[10]

Assassinatos com motivação política eram frequentes: 156 agentes democráticos foram mortos por paramilitares de direita. A violência atingiu o clímax em 1923, com a sangrenta repressão a uma tentativa de revolta comunista em Hamburgo, trocas de tiros entre grupos políticos rivais em Munique e choques armados envolvendo separatistas respaldados por franceses na Renânia. Embora o período de 1924-8 tenha sido relativamente ordeiro e pacífico, a paz social foi destruída outra vez pela crise de 1929-30 e pelo subsequente avanço das tropas de choque nazistas. "No fim de 1931", observa Carr, "o centro de gravidade da vida política alemã afastava-se rapidamente do Reichstag e da chancelaria e ia para as ruas."[11] Segundo Evans:

> Em 1930, os números subiram de forma espetacular, com os nazistas alegando terem sofrido dezessete mortes, disparando para 42 em 1931 e 84 em 1932. Também em 1932, os nazistas informaram que quase 10 mil membros das suas fileiras tinham sido feridos em confronto com adversários. Os comunistas relataram 44 mortes em lutas com os nazistas em 1930, 52 em 1931, e 75 só nos primeiros seis meses de 1932, enquanto mais de cinquenta homens do Reichsbanner morreram em batalhas de rua com os nazistas de 1919 a 1933. Fontes oficiais confirmavam amplamente essas alegações, com uma estimativa do Reichstag, não contestada por ninguém, elevando o número de mortos no ano de 1931 (somente até março) para não menos de trezentos, considerando o ano até março de 1931.[12]

O sumário desses acontecimentos é mostrado na Figura 2.2, que ilustra a incidência de "agitação" (o número de eventos por ano): a soma de tumultos, assassinatos, greves gerais e manifestações contra o governo por ano.

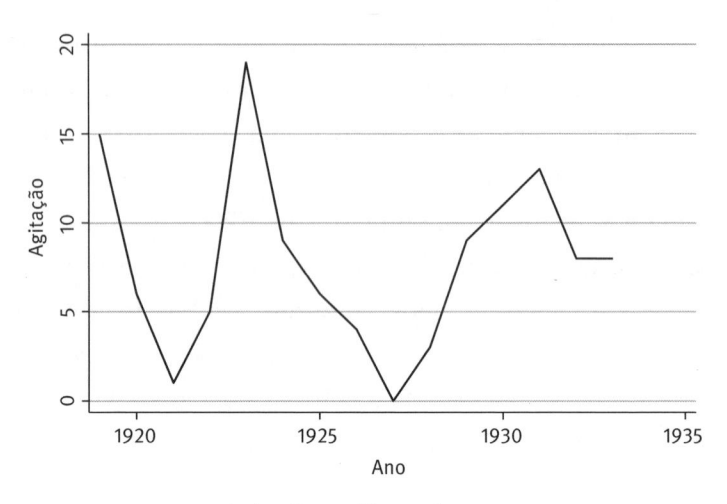

FIGURA 2.2 Agitação na Alemanha por ano, 1919-33

O apoio aos partidos tradicionais, os quatro que conquistaram mais votos em 1919, declinou acentuadamente com o tempo, de um máximo de 85,7% em 1919 para 68,3% na primeira eleição de 1924, 65,2% em 1928, 51,6% em 1930 e 41,1% na primeira eleição de 1930. O comparecimento às urnas caiu de 83% em 1919 para 75,6% em 1928. Carr observa que "o interesse pela política partidária estava em declínio [...]. A política partidária — 'das System', como muitos passaram a chamá-la — caía em descrédito".[13] Mas a intensificação de conflitos depois da crise econômica resultou num aumento da participação eleitoral para 82% em 1930, quando os nazistas levaram às urnas muitos que antes não votavam. O número de eleitores cresceu de 31,2 milhões em 1928 para 35,2 milhões em 1930, enquanto o de votantes do NSDAP disparou de 810 mil para 6,38 milhões. Segundo King et al., a principal base eleitoral do NSDAP eram pessoas que trabalhavam por conta própria, enquanto as desempregadas tendiam a votar nos comunistas.[14]

A extrema instabilidade da vida econômica, cultural e política da República de Weimar levou muita gente a abraçar as mais variadas ilusões, incluindo a cura de doentes com aplicação de queijo cottage ou a fabricação de ouro a partir de metais comuns. Como informa outra testemunha:

> O choque da derrota da Alemanha, a inflação, o enriquecimento rápido que se seguiu à estabilização, a entrada de dinheiro estrangeiro e o turbilhão de atividades clandestinas contra o "inimigo interno e externo" — tudo isso se combinou para criar uma atmosfera de irrealidade sob medida para revivalistas, charlatães e vigaristas.[15]

Até 1930, Hitler era apenas um entre muitos.

4. Resultado. O final é conhecido, e não faz sentido entrarmos em detalhes. Dois aspectos da ascensão de Hitler ao poder e do colapso subsequente da democracia, porém, merecem ênfase. O primeiro é que Hitler chegou ao poder de forma legal, através de uma "lacuna autoritária na Constituição de Weimar":[16] o Artigo 48, que permitia ao presidente autorizar o governo a governar por decreto. O presidente Hindenburg usou essa prerrogativa no inverno de 1930, quando o Reichstag não conseguiu chegar a um acordo sobre como enfrentar a crise econômica e a coalizão governamental, encabeçada pelo social-democrata Müller, renunciou. Hindenburg nomeou Heinrich Brüning chanceler, deixando claro que o novo governo poderia lançar mão de poderes de emergência, e Brüning, incapaz de reunir uma maioria parlamentar em julho de 1930, promulgou o orçamento por decreto. A partir de então,

nenhum governo — de Brüning, Papen ou Schleicher — atuou com o apoio da maioria no Reichstag. O parlamento perdeu sua razão de ser e praticamente parou de se reunir: de acordo com Evans,

> o Reichstag reuniu-se uma média de cem dias por ano de 1920 a 1930. Esteve em sessão por cinquenta dias entre outubro de 1930 e março de 1931; depois disso, só se reuniu por mais 24 dias até a eleição de julho de 1932. De julho de 1932 a fevereiro de 1933, reuniu-se por meros três dias em seis meses.[17]

Hitler foi nomeado chanceler em 30 de janeiro de 1933, com os mesmos poderes dos três antecessores. Acumulou forças ditatoriais em 23 de março de 1933, quando o Reichstag aprovou a "Lei para Aliviar o Sofrimento do Povo e do Reich" pela maioria constitucional de dois terços, o que permitia ao governo baixar decretos, afastando-se da Constituição. Embora deputados comunistas não tivessem permissão para entrar no parlamento e alguns social-democratas se sentissem intimidados demais para participar, Hitler ainda temia não conseguir a maioria necessária — que foi obtida quando o Zentrum votou a favor.[18] Assim, de um ponto de vista puramente jurídico, o golpe final contra a Constituição de Weimar foi desferido de maneira constitucional.

O segundo aspecto desses acontecimentos é que ninguém — nem os políticos que facilitaram a entrada de Hitler no governo, nem seus adversários, e aparentemente nem o próprio Hitler — esperava que ele monopolizasse o poder e nele se consolidasse. O êxito eleitoral do NSDAP em 1930 era visto como temporário, e seu revés na segunda eleição de 1932 foi interpretado como uma indicação de que a maré dos nazistas estava baixando. Depois da derrota nazista numa eleição local em 1932, um influente jornal liberal proclamou que "o poderoso assalto nacional-socialista ao Estado democrático foi repelido".[19] Além disso, no segundo semestre de 1932 os nazistas careciam desesperadamente de dinheiro e Hitler estava desanimado com suas chances de vir a ser chanceler. Schleicher, quando decidiu, em 1932, enfraquecer Brüning e buscar um entendimento com Hitler, "supunha que ele [o Partido Nazista] era um saudável movimento nacionalista, o qual poderia domesticar e explorar mediante hábil manipulação política".[20] Mesmo quando Hitler se tornou chanceler, seu gabinete só incluía três nacional-socialistas, contra oito conservadores não nazistas. De acordo com Delmer, a impressão geral era que "Hitler é chanceler, mas um chanceler com algemas. É prisioneiro de Papen, Hugenberg e Hindenburg".[21] Papen declarou que em "menos de dois meses teremos posto Hitler tão no canto que ele vai berrar".[22]

Para uma compreensão geral das crises da democracia, vale a pena guardar na memória essas duas características dos acontecimentos na Alemanha. A primeira é que o modelo institucional é importante: o sistema de representação proporcional tornava difícil formar governos efetivamente capazes de governar, enquanto os poderes de emergência incrustados na Constituição permitiram um retrocesso constitucional para o autoritarismo. A segunda é que o resultado desses acontecimentos não foi previsto nem mesmo pelas pessoas que, no fim das contas, o produziram. A contingência e a incerteza são aspectos inerentes a conflitos complexos.

Chile, 1970-3

1. Democracia. O período de democracia que terminou em 1973 começou em 1938, com a eleição do candidato Pedro Aguirre Cerda, do Partido Radical. O Partido Comunista havia sido proibido pelo presidente Gabriel González Videla em 1946, mas a proibição foi revogada seis anos depois pelo presidente Carlos Ibáñez del Campo. Alternâncias partidárias na presidência ocorreram em 1952, 1958 e 1964. Em 1958, o vencedor, Jorge Alessandri, obteve apenas 31,6%, mas sua vitória foi reconhecida pelo segundo colocado, Salvador Allende. Logo, o respeito aos resultados das eleições estava bem consolidado.

2. Ameaças. Em meados dos anos 1960, o Chile era um país com profundas divisões econômicas, tendo um vasto leque de convicções ideológicas intensamente defendidas sobre capitalismo em oposição a socialismo. As divisões políticas baseadas em classe eram muito fortes. Em 1958, 93% dos "ricos" votaram no candidato de direita, Alessandri, enquanto 73% dos operários votaram em Allende.[23] Apesar disso, Navia e Osorio ressaltam a importância das divisões puramente ideológicas, independentes de posições de classe.[24] A relevância da ideologia também é documentada por Prothro e Chaparro, que informam que, na eleição de 1964, 59% dos entrevistados apresentaram motivos puramente ideológicos para apoiar ou rejeitar Allende, e 45% fizeram o mesmo em relação ao vencedor, Eduardo Frei.[25] Embora as provas se baseiem apenas em rumores, essas divisões tinham profundas raízes no tecido social, com boatos circulando em Santiago sobre pais burgueses que expulsavam as filhas de casa não por estarem grávidas, mas por apoiarem o governo de Allende.

A desigualdade de renda sempre foi alta no Chile. De acordo com o Instituto Mundial da Universidade das Nações Unidas para Pesquisa em Economia do Desenvolvimento, o coeficiente de Gini de rendas de mercado era de 46,2 em 1964 e aumentou para 50,3 em 1968 (50,5 de acordo com o SWIID), excepcionalmente elevado para esse período.[26] A participação do fator trabalho (de PWT 9,0) era particularmente baixa, 45%. De acordo com Lambrecht, o decil mais alto recebia 40,23% de todas as rendas, enquanto o mais baixo obtinha 1,45%.[27] A metade mais rica da população concentrava 83% da renda nacional, enquanto a mais pobre ficava com 17%. Separados por setor, situavam-se na metade mais pobre da população 80,4% das pessoas empregadas na agricultura, 41,7% dos trabalhadores da indústria e 40,9% dos funcionários do setor de serviços. Segmentando por emprego, 72% dos operários industriais recebiam menos do que a renda média e 89% dos funcionários de escritórios tinham rendas superiores à média, enquanto os que trabalhavam por conta própria apresentavam igual probabilidade de estar em qualquer dessas faixas. Além da divisão rural-urbano, havia grandes diferenças entre os setores: trabalhadores nas minas de cobre e na indústria usufruíam de condições bem melhores do que as dos grupos economicamente marginais que ocupavam as recém-formadas favelas de Santiago, chamadas popularmente de *callampas* ("cogumelos", por causa da velocidade com que cresciam). O que explicava essa forte desigualdade era o fato de a economia chilena — indústria, finanças e agricultura — ser altamente concentrada. Em 1966, 144 empresas acumulavam mais de 50% dos ativos industriais, três bancos guardavam 44,5% dos depósitos e ficavam com 55,1% dos lucros, enquanto

9,7% dos proprietários de terras eram donos de 86% das terras cultiváveis.

A crise de governança, que acabaria se transformando num impasse entre o presidente e o Congresso, desenvolveu-se em etapas. Na eleição presidencial de 4 de setembro de 1970, a esquerda uniu forças em torno da candidatura de Salvador Allende, a direita foi representada por Arturo Alessandri (PN) e os democratas cristãos (PDC) por um candidato de inclinações esquerdistas, Radomiro Tomic. Os resultados foram apertados, com Allende recebendo 36,1% dos votos, Alessandri 35% e Tomic 28%. Como ninguém obteve maioria absoluta, a escolha final teria que ser feita pelo Congresso. Para deter Allende, alguns do grupo de Alessandri tentaram um acordo com os democratas cristãos, prometendo que, se votassem nele, Alessandri renunciaria de imediato e o presidente democrata cristão, Eduardo Frei, que poderia se candidatar na eleição seguinte, venceria. Frei, no entanto, recusou essa solução, e não houve acordo. O próprio Alessandri pediu aos membros do seu partido que votassem em Allende, mas o Comitê Executivo do PN rejeitou suas instruções e Alessandri recebeu 35 votos no Congresso. Allende foi confirmado pelo Congresso em 24 de outubro com os votos de 78 membros de sua coalizão e de 77 democratas cristãos, assumindo o cargo em 3 de novembro.

Allende venceu por uma pequena margem como líder de uma coalizão de sete partidos, a Unidad Popular (UP). Essa coalizão incluía: a centro-esquerda, representada pelo Partido Radical, que sairia em junho de 1971; o Partido Comunista, que tinha um programa abrangente, mas era moderado e disciplinado em termos táticos;[28] o Partido Socialista do próprio Allende; e vários grupos pequenos, compostos principalmente de intelectuais.²⁹ Um grupo extraparlamentar da esquerda radical, o Movimiento de Izquierda Revolucionaria (MIR), radicado nas favelas de Santiago, ficou fora. O gabinete original foi formado por quatro socialistas, três comunistas, três radicais, dois social-democratas, dois membros de partidos menores e um independente, que era o ministro da Economia.

O novo presidente herdou uma Câmara eleita em 1969, na qual os democratas cristãos ocupavam 56 cadeiras, o Partido Nacional 34, os comunistas 22, os radicais 24 e os socialistas quinze, do total de 150. A composição do Senado era parecida. Com isso, a coalizão de governo tinha uma minoria de cadeiras nas duas Casas, e os democratas cristãos eram peça-chave.

Para governar, Allende teria que chegar a um acordo com os democratas cristãos que fosse palatável para os membros de sua coalizão. Esse acordo não se materializaria. Allende não controlava sequer o próprio partido: fora proclamado candidato com trinta votos a favor e catorze abstenções. O profundamente dividido Partido Socialista deu uma guinada brusca para a estratégia insurrecional em janeiro de 1971, quando Carlos Altamirano substituiu Aniceto Rodríguez como secretário-geral. Altamirano depreciava a possibilidade de uma "rota pacífica para o socialismo", acreditando que a burguesia defenderia suas posições pela força e o socialismo só poderia ser alcançado pela ação armada da classe trabalhadora.³⁰

Além de medidas redistributivas destinadas a estimular a economia no curto prazo, o programa da UP previa continuar a distribuição de terras para camponeses e concluir a nacionalização do cobre, iniciativas do governo anterior, bem como a nacionalização da mineração do nitrato, dos bancos e de algumas grandes empresas industriais.³¹ A reforma agrária já tinha sido possibilitada por uma lei aprovada no governo de Eduardo Frei em 1969. O cobre foi nacionalizado por uma votação unânime no Congresso, enquanto outros setores da mineração e os bancos foram aos poucos comprados pelo Estado, com a oposição dos Estados Unidos e de proprietários chilenos, mas sem a necessidade de legislação específica. A nacionalização das empresas industriais, porém, exigia uma lei. Enquanto alguns setores da coalizão da UP insistiam na nacionalização como uma meta em si, o governo a via como limitada, mas útil. O ministro da Economia, Pedro Vuskovic, afirmava que em vista da estrutura oligopolista da economia chilena e da inflação endemicamente alta o Estado deveria assumir uma ou duas grandes empresas em cada um dos setores cruciais e usar a precificação dessas entidades como instrumento de controle da inflação.

O governo negociou um acordo com os democratas cristãos, utilizando-se de critérios vagos — "empresas que operavam atividades de importância primária para a vida econômica do país" — segundo os quais as corporações seriam nacionalizadas, passariam a ser de propriedade mista ou permaneceriam privadas. Em 12 de outubro de 1971, o governo enviou ao Congresso um projeto de lei para implementar esse acordo, *la ley de las áreas valiosas*. Na véspera da votação, porém, uma divisão dentro do Partido Democrata Cristão o levou a desonrar o acordo, substituindo o projeto original por uma lei que permitia ao Congresso decidir cada nacionalização uma a uma. Embora o objetivo inicial do governo fosse nacionalizar 243 empresas, número gradualmente reduzido para 91, estimava-se que o Congresso conseguiria processar, no máximo, oito nacionalizações por ano.[32] Essa lei foi aprovada nas duas Casas do Congresso em 19 de fevereiro de 1972, e previa a anulação de 520 expropriações realizadas depois de 14 de outubro de 1971. Após um colossal protesto da esquerda contra essa versão da reforma, Allende vetou-a em 11 de abril de 1972, e a oposição, encabeçada pelo presidente do Senado, Patricio Aylwin, manifestou-se contra o veto no dia seguinte. O resultado foi um limbo jurídico. Sob pressão de membros da UP e de trabalhadores comuns, Allende desengavetou um obscuro decreto de 1932, jamais usado, segundo o qual o Estado poderia intervir em empresas "paralisadas por agitação trabalhista". Nem é preciso dizer que empregados de muitas empresas, incluindo pequenos negócios de família, não viam a hora de paralisá-las para que o Estado interviesse. O resultado foi um caos, que acabou se mostrando incontrolável. Em outubro de 1972, os trabalhadores tinham ocupado várias fábricas em Santiago. Formas espontâneas de auto-organização, Cordones Industriais e Comandos Comunales, surgiram para substituir organizações econômicas e estatais formais.[33]

Uma vez fracassada *la ley de las áreas valiosas*, o impasse entre o Executivo e o Legislativo era completo. Nenhum projeto de lei importante proposto pelo governo foi aprovado pelo Congresso depois disso, e todas as grandes leis aprovadas pelo Congresso foram vetadas pelo presidente. Seguindo uma tradição chilena que remonta ao começo do século XIX, o Congresso fez acusações constitucionais e censuras contra vários ministros, às quais Allende reagia sempre trocando-os de pasta e mantendo-os no ministério. Em 1º de setembro de 1972, o senador Hamilton (PDC) propôs a renúncia do presidente, e depois disso o clamor pelo impeachment tornou-se habitual. Mas o impeachment exigia maioria de dois terços no

Congresso, que a oposição não conseguiu reunir nas eleições legislativas de março de 1973, quando Allende ainda contava com o apoio de 49,7% dos entrevistados numa pesquisa de opinião em Santiago.[34]

O último limbo constitucional veio no fim de 1972. Em 23 de outubro desse ano, o Congresso aprovou uma lei que conferia às Forças Armadas a prerrogativa de realizar buscas em todos os lugares onde se pudessem armazenar armas e explosivos, que, segundo a oposição, estavam sendo acumulados secretamente por organizações do governo. O presidente respondeu invocando uma cláusula jurídica segundo a qual as Forças Armadas não tinham o direito de entrar em prédios públicos sem autorização. Até aquela altura, a posição dos generais mais importantes era a de que as Forças Armadas permanecessem apolíticas, a não ser que o governo violasse a Constituição. Esse conflito, no entanto, tornava o critério da constitucionalidade imperativo. Em 22 de agosto de 1973, o Congresso declarou que o governo tinha violado a Constituição e era ilegítimo. No dia seguinte, o general Augusto Pinochet substituiu o general Prats como chefe das Forças Armadas, abrindo caminho para o golpe de 11 de setembro.

3. Sinais.[35] Logo que Allende foi eleito, a direita iniciou uma "campanha de terror", com a ajuda dos Estados Unidos, que acenava com o fantasma da dominação soviética. Em 22 de outubro de 1970, para criar instabilidade política, um grupo de oficiais tentou sequestrar o chefe das Forças Armadas, o general Schneider, mas acabou matando-o.

Conflitos na agricultura e greves na indústria intensificaram-se logo depois da eleição. Enquanto em 1969, o último ano do governo Frei, houve 1127 greves na zona rural e 148 casos em que camponeses ocuparam latifúndios (*"tomas de fundo"*), em 1970 houve 1580 greves e 456 ocupações, das quais 192 ocorreram nos três últimos meses de 1970.[36] Segundo outra fonte, houve 1758 greves rurais em 1971, enquanto as ocupações subiram de 450 em 1970 para 1278 em 1971.[37] Tanto o presidente como o ministro da Agricultura falavam publicamente contra a ocupação ilegal, mas não conseguiam controlá-la. Os donos de terras se mobilizaram, em alguns casos importando armas, e organizaram reapropriações pela força. Além disso, criaram instituições parajudiciais, os Tribunales Agrarios, que decidiam a favor deles. Proprietários que antes tinham cedido terras, quando legalmente expropriadas, juntaram-se à resistência.

Em 1969, ocorreram 977 greves industriais e mineiras, com a participação de 275 mil trabalhadores; em 1971, o primeiro ano completo de Allende, houve 2709 greves envolvendo 302 mil trabalhadores; e em 1972, foram 3289 greves compreendendo 397 mil trabalhadores. Note-se que as greves se estenderam às empresas pequenas, como indicado pela proporção entre grevistas e greves.

A direita ocupou as ruas pela primeira vez em 1º de dezembro de 1971, quando mulheres da elite de Santiago marcharam batendo panelas vazias (*cacerolas vacías*) protegidas por seguranças de um grupo fascista, o Patria y Libertad. Foram atacadas a pedradas por uma contramanifestação de esquerda. Dez meses depois, em outubro de 1972, o país foi paralisado por uma greve de caminhoneiros, lockouts de fábricas e paralisações de muitos setores profissionais. Para lidar com a agitação, o governo declarou estado de emergência, e em novembro os militares entraram em cena pela primeira vez, com a nomeação do general Prats para o Ministério do Interior. Uma nova greve de caminhoneiros ocorreu em agosto de 1973.

A violência aumentou depois dos primeiros tiros em 2 de dezembro de 1970, quando dois estudantes de esquerda foram feridos em Concepción. Um camponês foi morto durante uma ocupação de terra em 9 de junho de 1971. O assassinato do general Schneider foi seguido pelo assassinato, também em 9 de junho, de um ex-ministro do Interior, Edmundo Pérez Zujovic, obra de um obscuro grupo de esquerda (VOP, Vanguardia Organizada del Pueblo). Poucos dias depois, dois membros da VOP foram mortos numa troca de tiros de cinco horas com a polícia. Em 28 de outubro de 1971, *El Mercurio* noticiou sete confrontos armados em conflitos de terras em Temuco, com quatro mortos e dezenove feridos. Outro conflito no campo terminou com um morto e três feridos em 22 de novembro de 1971. Em 20 de maio de 1972, os tiroteios partiram para Santiago, com um membro do MIR morto pela polícia. Em 5 de agosto do mesmo ano, um violento conflito entre moradores de uma favela da cidade e a polícia deixou um morto e vários feridos. Em 26 de abril de 1973, combates de rua foram deflagrados por causa de um projeto de lei do governo sobre educação, somando vários feridos. O assessor militar de Allende, Arturo Araya, foi assassinado pelo Patria y Libertad em 27 de junho de 1973. Em meados de junho desse ano, tiroteios, explosões e incêndios já tinham virado rotina: supermercados eram saqueados, grupos paramilitares de direita atiravam de dentro de carros e explodiam bombas em sedes locais de partidos do governo e trabalhadores da mina El Teniente marcharam para Santiago atrás de um trator carregado de explosivos.[38] O governo buscou um acordo com a oposição, e a Igreja católica tentou servir de mediadora, mas era impossível deter a espiral de violência.

FIGURA 2.3 Agitação no Chile por ano, 1938-73

Como mostra a Figura 2.3, a incidência de agitação popular disparou em 1972. Nenhum desses dramáticos acontecimentos afetou o posicionamento político. Em 1972, 99% dos entrevistados de renda elevada disseram que artigos básicos para a família eram difíceis de encontrar, enquanto 75% das pessoas de renda mais baixa achavam que eram fáceis. Pesquisas relatadas por Prothro e Chaparro mostram que tanto a classe baixa como a alta acreditavam que o Chile estava "vivendo um clima de violência", mas apenas 7% dos entrevistados de renda elevada atribuíam esse clima exclusivamente à oposição, contra 35% dos entrevistados de baixa renda.[39] A proporção de votos recebidos pelos cinco maiores partidos nas eleições legislativas de março de 1973 continuou mais ou menos a mesma de 1969, com uma pequena vantagem para os socialistas. O comparecimento às urnas foi mais alto em 1973 do que em 1969, enquanto o eleitorado potencial aumentou quase 40%. Logo, não havia sinais de insatisfação com a política partidária, nem de desgaste do apoio aos partidos tradicionais.

Os sinais mais ameaçadores vinham dos militares. Embora a posição oficial dos líderes do setor fosse a de que as Forças Armadas deveriam se manter longe da política desde que o governo não violasse a Constituição, os oficiais ansiosos por depor o governo eram numerosos. O general Viaux, que comandou as operações contra o general Schneider em outubro de 1970, já tinha encabeçado um motim contra o presidente Frei em 1969 por causa da remuneração dos militares. Durante todo o período, a possibilidade de um golpe chefiado por algum grupo das Forças Armadas era o assunto mais discutido em Santiago. Depois que a direita se mostrou incapaz de conseguir os dois terços das cadeiras exigidos para o impeachment do presidente, na eleição de março de 1973 ficou claro que os democratas cristãos, liderados pelo futuro presidente democrático do Chile, Patricio Aylwin, aceitariam bem um golpe. Em julho de 1973, a única dúvida era sobre a forma que ele assumiria. Temia-se que, se fosse iniciado por uma unidade naval estacionada no Sul do país, levasse à guerra civil, mas a maioria da população esperava um *golpe blando*, no qual os chefes militares colocariam Allende num avião para Cuba e convocariam uma eleição da qual Eduardo Frei sairia vitorioso. Não conheço ninguém que esperava que o golpe fosse brutal e sangrento como acabaria sendo, ou que os militares ficassem dezesseis anos no poder.

4. Resultado. Como observaram Hutchison, Klubock e Milanich, "a tensão entre a revolução gradual e controlada de cima para baixo e a revolução mais espontânea e localmente

inspirada de baixo para cima nunca foi resolvida, constituindo um defeito fatal no processo revolucionário chileno".[40] Um importante aspecto da dinâmica dos acontecimentos no Chile foi a incapacidade do governo de controlar seus próprios apoiadores. Allende não podia agir de forma estratégica, porque grupos dentro do seu próprio partido, bem como alguns outros elementos da sua coalizão, excluindo principalmente os comunistas, não poderiam sofrer atos disciplinares para moderar suas demandas e se desmobilizar quando a situação assim o exigisse. Lorde Bevan, ministro do governo trabalhista do Reino Unido depois da guerra, certa vez comentou que "não queremos estar na posição de termos que ouvir nossa própria gente". Allende não teve essa opção: camponeses ocupavam terras contra os apelos do governo, setores da coalizão juntavam armas contra sua determinação e um importante grupo de esquerda não era sequer membro da coalizão governamental. A paixão ideológica era intensa, a disciplina, inexistente.

Os acontecimentos chilenos ressaltam mais uma vez a importância da estrutura institucional democrática. Diferente de Weimar, o Chile tinha um sistema puramente presidencial. Nele, o governo pode ficar paralisado quando forças políticas diferentes controlam o Executivo e o Legislativo: "governo dividido", no jargão norte-americano. Leis propostas pelo Executivo não eram aprovadas pelo Legislativo; leis aprovadas pelo Congresso eram vetadas pelo presidente. Quando a paralisia se agravava, o presidente recorria a poderes de emergência, enquanto o Congresso se mobilizava pelo impeachment do governante. Nisso, as rendas despencavam, a inflação disparava e a escassez se generalizava, com os partidários dos campos rivais tentando se impor nas ruas.

Por último, os acontecimentos chilenos falam da tensão entre democracia e capitalismo. Escrevendo em 1886, Hjalmar Branting, o líder dos social-democratas suecos, se perguntava se "a classe alta respeitaria a vontade popular caso essa vontade exigisse a abolição dos seus privilégios".[41] Um líder do SPD, August Bebel, acreditava em 1905 que a revolução talvez fosse necessária "como medida puramente defensiva, destinada a salvaguardar o exercício do poder adquirido pelo voto".[42] Allende não tinha um mandato popular para fazer transformações sociais e econômicas de longo alcance: ele chegou à presidência em meio a uma escassa maioria e sua coalizão nunca teve maioria absoluta no Legislativo. Ele venceu segundo as regras e tentou governar de acordo com as regras, mas estava sendo pressionado por forças maiores que ele a ir além do seu mandato. A classe alta, cujos privilégios estavam sendo ameaçados, recorreu aos militares, e, não sem alguma hesitação, os militares concordaram em obedecer.

França, 1954-62 e 1968

1. Democracia. A Terceira República Francesa foi fundada em 1875. Eleições realizaram-se regularmente até 1939, com o controle do governo mudando de partido nove vezes durante esse período. Na esteira da Segunda Guerra Mundial uma série de governos provisórios, o primeiro chefiado pelo general Charles de Gaulle e o último por Léon Blum, conduziu o país até que uma nova Constituição foi adotada em 1946, trazendo à luz a Quarta República. Eleições legislativas foram realizadas nos termos dessa Constituição em novembro de 1946, junho de 1951 e janeiro de 1956.

2. Ameaças. Os primeiros anos depois da guerra testemunharam um alto grau de inquietação social, culminando em 1947 numa série de greves insurrecionais, sangrentamente reprimidas. Uma greve gigantesca do setor público ocorreu em 1953, não havendo outros conflitos trabalhistas durante os anos restantes da Quarta República, até maio de 1958.

A partir de 1946, a França se envolveu em várias guerras coloniais contra movimentos de independência. A Guerra da Indochina terminou em julho de 1954, após a debandada das forças francesas em Dien Bien Phu. Poucos meses depois, no entanto, um novo conflito começou na Argélia, com profundas consequências nos oito anos seguintes. Essa guerra, que até 1999 era chamada oficial e eufemisticamente de "acontecimentos da Argélia", provocou profundas divisões na sociedade francesa e embates entre as autoridades civis e as unidades do exército lotadas no país, com duas tentativas de golpe, em maio de 1958 e em abril de 1961, bem como uma onda de terrorismo.

A instabilidade e a ineficiência do governo durante a Quarta República eram parecidas com as da República de Weimar. A lei eleitoral de 1945 (na França essas leis não fazem parte da Constituição) assegurava a representação proporcional em nível de distrito. A legislação foi levemente modificada em 1951 para permitir coalizões eleitorais e para introduzir certa dose de majoritarismo, com a intenção de reduzir o peso dos comunistas e dos gaullistas.[43] De 22 de janeiro de 1947 a 2 de junho de 1958, houve 24 governos, com duração média de 173 dias — menor do que a média de 243 de Weimar —, variando de dois dias a um ano e quatro meses. Além disso, entre 27 de outubro de 1946 e 2 de junho de 1958 foram 375 dias — mais de um ano em doze anos — sem governo. Todos os comandos da

Quarta República eram coalizões de vários partidos, de quatro a oito. Depois que Paul Ramadier, o primeiro primeiro-ministro da Quarta República, expulsou os comunistas (PCF) do seu governo em outubro de 1947, a continuidade durante a vigência do parlamento eleito em 1946 foi garantida pela presença em todos os dez mandatos de três partidos: SFIO (Socialista), MRP (Radical) e PRS (Radical-Socialista). Os dois últimos também participaram de todos os governos depois da eleição de 17 de junho de 1951, mas o SFIO não foi incluído em nenhum dos oito que assumiram durante esse período. O parlamento foi dissolvido no fim de 1955, seguindo-se uma eleição em 2 de janeiro de 1956, e o SFIO aderiu a todos os governos subsequentes da Quarta República. A fragilidade das sucessivas administrações as tornava incapazes de tomar grandes decisões, enquanto a continuidade de sua composição significava que nenhum outro alinhamento político constituía uma alternativa viável. Como observa Denquin, "do ponto de vista dos cidadãos, o sistema político era sentido como ao mesmo tempo odioso e natural".[44]

3. Sinais. Nenhum dos governos de curta duração foi capaz de formar um consenso majoritário sobre como lidar com o conflito argelino. O plano de reformas de Mendès France foi derrotado na Assemblée e o governo renunciou em 3 de março de 1955. Seu sucessor, Edgar Faure, proclamou estado de emergência na Argélia, mas também não sobreviveu. A combinação da intensificação da crise argelina com a incapacidade de os governantes lidarem com ela tornava a tentativa de formar governos cada vez mais histérica. Quando Guy Mollet (SFIO), que concedeu poderes especiais aos militares na Argélia, caiu

em 21 de maio de 1957, o interregno durou três semanas. Seguiu-se o governo de Maurice Bourgès-Maunoury (PRS), que durou 110 dias. Após sua queda, em 30 de setembro de 1957, duas novas tentativas, de Antoine Pinay (CNIP) e de Guy Mollet, fracassaram, e o governo seguinte só foi estabelecido em 6 de novembro. Chefiado por Félix Gaillard (PRS), propôs um novo quadro jurídico para a Argélia, o qual mais uma vez foi derrotado no parlamento, e renunciou após 160 dias no cargo. Foram necessários 29 dias para formar o governo seguinte, de Pierre Pflimlin (MRP), que durou catorze dias. Ao todo, a queda de Mollet foi seguida por 89 dias durante os quais a França não teve governo. O último da Quarta República foi formado pelo general Charles de Gaulle em 1º de junho de 1958.

Interpretações sobre a chegada de De Gaulle ao cargo de primeiro-ministro são altamente controvertidas. Seria presunçoso tomar partido nessa polêmica, que gira em torno de saber se De Gaulle foi cúmplice nos acontecimentos que o levaram ao poder. Os fatos básicos, porém, são conhecidos. Em 13 de maio de 1958, vários grupos civis assaltaram e ocuparam a sede do governo em Argel, diante da atitude passiva das forças policiais que a guardavam. Os líderes da insurreição, alguns dos quais, mas não todos, eram gaullistas, formaram um Comitê de Salvação Pública, encabeçado por um ativo general, Jacques Massu, e declararam que comandariam a Argélia até que um governo favorável à manutenção do controle francês sobre a colônia fosse instalado em Paris. A intenção da insurreição era impedir a posse de Pflimlin e impor à Assemblée a candidatura de De Gaulle. Em 24 de maio, um Comitê de Salvação Pública semelhante foi formado na Córsega, dando a impressão de que a revolta se propagava em direção à metrópole (Operation Ressurection). Pflimlin foi nomeado primeiro-ministro em 14 de maio, mas em 27 de maio De Gaulle rompeu o silêncio, declarando-se candidato ao cargo e ordenando aos militares na Argélia que obedecessem às ordens dos seus superiores. A declaração certamente soa como uma usurpação de poderes que o general ainda não tinha: "Nestas condições, todas as ações de qualquer lado que comprometam a ordem pública arriscam-se a ter sérias consequências. Apesar de reconhecer as circunstâncias, eu não as aprovo".[45] Pflimlin renunciou um dia depois e o parlamento deu posse a um governo encabeçado por De Gaulle. Era uma ampla coalizão de seis partidos, mais independentes, e incluía três ex-primeiros-ministros. Foi dado o poder de governar por decreto durante seis meses e iniciar o projeto de uma nova Constituição. Por essas razões, embora o processo pelo qual De Gaulle assumiu o cargo tenha sido constitucional, sua chegada ao poder, bem como sua manobra tática inicial, foi uma resposta ao golpe de Estado na Argélia.

O projeto da nova Constituição foi preparado às pressas. Primeiro, no entanto, o parlamento precisou modificar a cláusula de emenda da Constituição da Quarta República, o Artigo 90, para permitir a mudança da Constituição inteira. Feito isso, o novo governo submeteu o projeto a um referendo. Antes da votação, cada família recebeu duas cédulas (sim ou não), o texto da Constituição e um discurso proferido por De Gaulle em 4 de setembro, defendendo a nova Carta. A Constituição teve o apoio de 79% dos eleitores na metrópole e de 95% na Argélia. Foi adotada formalmente em 28 de setembro de 1958, e De Gaulle eleito presidente em 21 de dezembro de 1958, tendo Michel Debré como primeiro-ministro. A lei regulamentando as eleições parlamentares foi alterada por um decreto do governo de 13 de outubro de 1958.

As opiniões do novo presidente sobre a solução para a crise argelina estão, igualmente, sujeitas a interpretações conflitantes: se ele acreditava, desde o início, que a independência da Argélia era inevitável ou se mudou de opinião enquanto os acontecimentos se desenrolavam. Logo que assumiu o cargo, num discurso famoso no qual disse aos franceses na Argélia *"Je vous écoute"* ("Eu escuto vocês"), ele deu a entender que era a favor do statu quo colonial, Algérie Française, desde que acompanhado da extensão de direitos políticos aos argelinos e grandes projetos de investimento para desenvolver o território. Mas sua posição evoluiu rapidamente, levando os argelinos franceses a dizerem que estavam sendo traídos. A opinião pública na França também mudava: em julho de 1956, 45% dos entrevistados eram a favor de negociações com os "cabeças da rebelião"; em julho de 1957 a proporção passou para 53%, e em maio de 1959 subiu para 71%.[46] Com a linguagem de De Gaulle passando de "associação" para "autodeterminação" e depois para "Algérie algérienne", conflitos irromperam dentro da comunidade francesa no país. Violentos confrontos ocorreram em 24 de fevereiro de 1960, com muitas mortes. Em 16 de junho de 1960, uma organização que defendia a Argélia Francesa (Front Algérie Française, FAF) foi formada; ela participou de diversas manifestações violentas e foi banida em dezembro daquele ano. Um referendo sobre a autodeterminação realizado em 8 de janeiro de 1961 teve o apoio de 75,8% da população na metrópole e de 69,1% na Argélia. Uma organização terrorista, a Organisation Armée Secrète, que viria a se envolver em muitos ataques a bomba e assassinatos, foi formada em fevereiro de 1961. Em

22 de abril do mesmo ano, generais proclamaram a secessão da Argélia da França, sob seu governo. De acordo com Droz e Lever, essa nova tentativa de golpe produziu em Paris o medo de uma invasão iminente, que desapareceu quando recrutas do Exército se recusaram a obedecer aos generais rebeldes.[47] O acordo para pôr fim à guerra foi concluído em 19 de março de 1962 e ratificado pelo referendo de 8 de abril do mesmo ano.

O fardo econômico, social e militar foi enorme: ao todo, 1,75 milhão de franceses serviram no conflito, dos quais 1,34 milhão eram recrutas. A guerra dividiu profundamente a sociedade francesa, não só na Argélia mas também na metrópole, com muitas situações em que a polícia reprimiu manifestações de forma brutal. O funeral de manifestantes mortos em 8 de fevereiro de 1962 levou 500 mil pessoas às ruas.

4. Resultado. A Guerra da Argélia foi um desastre com o qual nenhum governo poderia lidar dentro do quadro institucional da Quarta República. Apesar disso, mesmo com o conflito continuando por mais quatro anos, o impasse foi rompido com a chegada de De Gaulle ao governo, com as amplas prerrogativas que lhe foram concedidas e com a mudança institucional que deslocou o centro do poder do parlamento para o presidente.

Esqueçamos os detalhes e examinemos a situação em termos abstratos. Uma sociedade vive um profundo desastre e o quadro institucional não produz líderes capazes de reagir com eficácia. Os militares se rebelam para influenciar a orientação de um novo governo. Um general reformado, herói de guerra, toma a iniciativa de se impor como chefe do comando. Exige, e consegue do parlamento, o poder de governar por decreto e mudar a Constituição. Seu governo controla a imprensa e o rádio, proíbe organizações dos dois lados do conflito e processa várias pessoas por "desmoralizarem o Exército".[48] A história parece familiar e sinistra. Mas finalmente a guerra acaba e a democracia sobrevive.

Em consequência da Segunda Guerra Mundial, as forças antidemocráticas, sobretudo antigos apoiadores do regime de Vichy, estavam enfraquecidas na França. Faziam oposição a De Gaulle pela direita, mas todos os movimentos políticos organizados eram resolutamente democráticos. Esse comprometimento foi consagrado no Artigo 93 da Constituição de 1946, que declarava que o único aspecto da Carta que não poderia ser alterado era a forma republicana de governo. Os militares rebeldes estavam preparados para desenvolver atividades insurrecionais, mas suas demandas se limitavam a manter a Argélia francesa, e não contemplavam a instituição de um regime autoritário. Na verdade, muitos deles eram gaullistas. Há, portanto, boas razões para acreditar que qualquer tentativa de instalar uma ditadura teria esbarrado em violenta oposição. Mas a história de 1958 não estaria completa sem que se invocasse a personalidade do general De Gaulle. Embora não hesitasse em usar todos os instrumentos de poder, alguns dos quais altamente repressivos, para comandar a França no labirinto da guerra, De Gaulle jamais pensou em estabelecer uma ditadura. A rigor, quando a oposição aventou essa possibilidade em maio de 1958, ele respondeu: "Dá para acreditar que aos 67 anos vou começar uma carreira de ditador?".

Não começou. Em 1962, a Constituição foi alterada a fim de permitir eleições diretas para presidente. Mas em 1965 De Gaulle sofreu a humilhação de não se eleger no primeiro turno, apesar de ter sido reeleito com 55,2% dos votos no segundo.

Quatro anos depois, em 28 de abril de 1969, ele renunciou ao cargo após ter sido derrotado num referendo sem grande importância. A instituição da Quinta República sobreviveu à sua saída do cargo, e seu antigo adversário, François Mitterrand, tornou-se presidente em 1981.

A primeira lição da crise francesa é, também, institucional: devido às relações de forças políticas, nenhum governo formado sob as instituições da Quarta República foi capaz de conseguir a maioria exigida para atuar decisivamente diante de um desastre.

A situação foi remediada mudando-se a Constituição, o que fortaleceu o poder do chefe do Executivo e estabilizou os governos. Os poderes temporários concedidos ao recém-eleito presidente eram quase ilimitados, mas ele se dispôs — e provavelmente foi obrigado — a tolerar a oposição e com isso preservar a democracia. Indagações hipotéticas mais uma vez sublinham o papel das eventualidades. O que teria ocorrido se não houvesse ninguém disponível com autoridade sobre os militares para se tornar um líder civil? O que teria acontecido se o líder tivesse desejado usar seus poderes constitucionalmente adquiridos para erradicar a oposição democrática? Essas perguntas são impossíveis de responder, mas demonstram que a sobrevivência da democracia na França pode ter sido um acidente histórico, bem como seu fracasso na Alemanha nazista.

5. Nota sobre Maio de 1968. Os acontecimentos franceses de maio de 1968 foram dramáticos, mas não acredito que tenham ameaçado a democracia. Não há dúvida sobre a sua violência: milhares de pessoas foram feridas, incluindo 1912 policiais.[49] Ainda assim, mesmo com milhões de pessoas nas ruas, gre-

ves colossais, barricadas e ocupações de prédios, o número de mortos foi mínimo (entre quatro e sete). Nenhum grupo terrorista significativo surgiu no rescaldo. Ainda que tenha havido momentos dramáticos, a situação logo se estabilizou quando o governo venceu esmagadoramente as eleições legislativas de 23-30 de junho do mesmo ano.

Para completar a história, a Figura 2.4 mostra a incidência de agitação na França entre 1945 e 1970, com picos em 1947, 1960-4 e 1968.

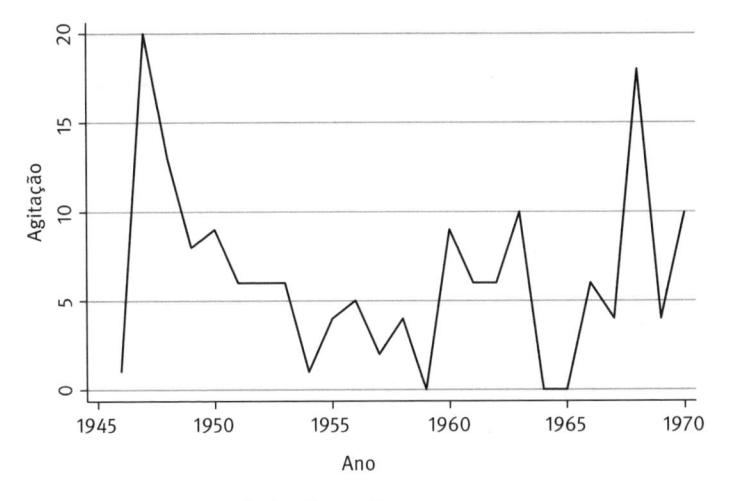

FIGURA 2.4 Agitação na França por ano, 1945-70

Estados Unidos, 1964-76

1. Democracia. A democracia mais antiga do mundo, os Estados Unidos, viveu várias crises, sendo a mais profunda a Guerra Civil. Ondas de repressão vieram em intervalos: du-

rante a Guerra Civil, logo depois da Primeira Guerra Mundial e na Segunda Guerra. Mas nem mesmo o conflito mais sangrento da história interrompeu o funcionamento regular das instituições representativas: todas as eleições ocorreram dentro do esperado, e o Congresso nunca parou de funcionar.

2. Ameaças. Conflitos sociais se generalizaram nos anos 1960, principalmente na forma de distúrbios urbanos (Rochester, Harlem e Filadélfia em 1964; Watts em 1965; Cleveland e Omaha em 1966; Newark, Plainfield, Detroit e Minneapolis em 1967; Chicago, Washington, Baltimore e Cleveland em 1968). Dois assassinatos políticos, o de Martin Luther King e o de Robert Kennedy, ocorreram em 1968. O país estava envolvido na Guerra do Vietnã, que provocava muitas divisões internas. Manifestações em massa contra o conflito começaram em 1964 e continuaram durante todo o período. A repressão era geral. Em 1966, o Comitê de Atividades Antiamericanas da Câmara começou a investigar oponentes da guerra. Em 4 de maio de 1970, a Guarda Nacional atirou em estudantes que protestavam na Universidade Estadual de Kent, matando quatro manifestantes e ferindo doze, e, poucas semanas depois, a polícia matou dois estudantes e feriu doze na Universidade Estadual de Jackson. Como mostra a Figura 2.5, a incidência de agitação foi alta durante os anos 1960, culminando em 1968.

3. Sinais. Richard Nixon foi eleito o 37º presidente dos Estados Unidos em 1968, e, apesar de sua campanha ter sido marcada pela violência, especialmente o "motim policial" durante a

Algumas histórias 101

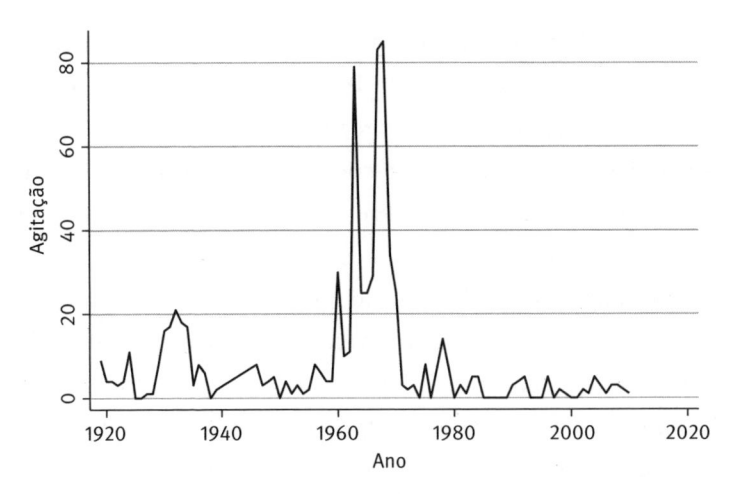

FIGURA 2.5 Agitação nos Estados Unidos por ano, 1919-2012

Convenção do Partido Democrata em Chicago em 1968, seu primeiro mandato não mostrou qualquer sinal de crise das instituições democráticas. Com a aproximação das eleições de 1972, porém, Nixon começou a usar repartições do governo com objetivos próprios. Ordenou a vigilância do seu provável adversário, o senador Ted Kennedy. Uma "lista de inimigos" que não parava de crescer foi preparada por sua equipe, com o objetivo de atingir os que faziam parte dela usando órgãos federais. Um de seus advogados, John Dean, deixou bem claro:

> Este memorando trata da questão de como maximizar a incumbência ao lidar com pessoas conhecidas por serem ativas em sua oposição à nossa Administração: dito um pouco mais francamente: como usarmos a máquina federal disponível para ferrar nossos inimigos políticos. (Memorando de John Dean a Lawrence Higby, 16 de agosto de 1971)

Os inimigos foram grampeados e o Federal Bureau of Investigation (FBI), a Central Intelligence Agency (CIA) e o Internal Revenue Service (Receita Federal) utilizados para intimidá-los. A unidade que coordenava a campanha era o Comitê para a Reeleição do Presidente, popularmente conhecido como Creep. Nixon foi reeleito em 1972, mas, quando a notícia do desastrado arrombamento do Comitê Nacional Democrata em junho de 1972 veio a público, a campanha da administração contra a mídia e os tribunais se intensificou. Mesmo com a Guerra do Vietnã tendo terminado em 27 de janeiro de 1973, o escândalo Watergate continuou a enredar pessoas próximas ao presidente. O empenho da administração Nixon em preservar seu poder a qualquer custo fica claro no fato de que 69 partidários seus acabaram sendo acusados e 48 foram condenados por atos ilegais relacionados a Watergate, incluindo dois ministros da Justiça, o chefe da Casa Civil, três assessores da Casa Branca, o secretário de Comércio e o advogado pessoal do presidente.

4. Resultado. O aspecto notável da crise nos Estados Unidos é que as instituições representativas, o sistema de freios e contrapesos, funcionaram com eficácia contra o abuso de poder. O Senado votou por 72 a 0 para abrir uma investigação sobre o incidente em Watergate e logo depois a Câmara iniciou o processo de impeachment. É importante notar que as duas Casas eram controladas pelos democratas. Apesar disso, alguns senadores e representantes republicanos votaram contra o presidente. Os tribunais também desempenharam seu papel: a decisão da Suprema Corte de obrigar Nixon a divulgar suas gravações levou o governo à beira do precipício. Diante da

perspectiva do impeachment inevitável, o presidente renunciou em 9 de agosto de 1974.

A indagação mais óbvia é se o sistema institucional teria impedido o abuso de poder caso os republicanos controlassem as duas Casas do Congresso. Será que o sistema de freios e contrapesos funciona, como James Madison esperava, porque membros de diferentes instituições defendem os interesses de suas instituições, ou apenas se os poderes do governo estiverem divididos entre diferentes partidos e os representantes defenderem seus interesses?

3. Lições da história: o que procurar

> Essas certezas absolutas me escaparam. Só encontrei uma série de altos e baixos e uma sucessão de circunstâncias imprevisíveis, nenhuma das quais parece ter sido inevitável.
>
> ALON, sobre a República de Weimar[1]

SE O PASSADO ILUMINA, o futuro depende de as condições que vemos no presente refletirem as do passado. Portanto, ainda é cedo para tirar conclusões. O passado nos diz, porém, o que deveríamos procurar, quais são os sinais de que uma democracia está em crise e que tipo de acontecimento pode levar à sua ruína.

Se o passado é um guia, devemos prestar atenção nas condições econômicas: a renda, seu crescimento e sua distribuição. Precisamos examinar a história democrática do país: o quanto a democracia está consolidada no hábito de trocar governos por meio de eleições. Devemos observar a intensidade das divisões sociais: o tamanho tanto da polarização como da hostilidade entre adeptos de diferentes soluções políticas.

Os quatro casos no capítulo 2 indicam que precisamos prestar atenção também nas formas particulares de instituições democráticas, em especial se são propícias à formação de governos de maioria que possam atuar decisivamente caso algum desastre ocorra, mas sem usurpar o poder. No entanto, fazer deduções é perigoso. A democracia teria sobrevivido na Alemanha com instituições mais favoráveis a governos de maioria estáveis? Poderia o golpe de Estado no Chile ter sido evitado num sistema parlamentarista, no qual o chefe do Executivo pode ser destituído por meio de procedimentos institucionais? Por mais que os cientistas políticos acreditem na importância das instituições, talvez os conflitos nesses dois países tenham sido intensos demais para ser conduzidos sob um arranjo constitucional, qualquer que fosse.

Claro, essas diretrizes são influenciadas pelo que nos é dado observar. Intuições de memórias e até de romances podem ser tão esclarecedoras quanto as de dados sistemáticos: elas nos dizem como indivíduos percebem e vivem acontecimentos dramáticos em que são protagonistas, e, no fim das contas, suas ações é que terão determinado os resultados das crises.

As condições não definem os resultados; as ações das pessoas nessas condições é que definem. Mesmo quando as circunstâncias são dadas, os resultados não são peculiares. Por exemplo, Stern acredita que, "em 1932, o colapso de Weimar tinha se tornado inevitável; o triunfo de Hitler não tinha".[2] Mas talvez por volta de 1925 nem mesmo a queda da República fosse inevitável: tivesse o KPD ou o Partido Popular Bávaro (BVP) votado no candidato do Zentrum, Marx, no segundo turno das eleições, Hindenburg, com seus instintos antidemocráticos, não estaria lá em 1932 — e quem sabe o que poderia ter acontecido? É possível alimentar fantasias semelhantes sobre o Chile: depois que a mudança na liderança dos democratas cristãos resultou na rejeição da *ley de las áreas valiosas*, talvez a queda de Allende fosse incontornável, mas não o golpe brutal. De maneira inversa, pode-se indagar o que teria acontecido na França se um líder com impecáveis credenciais militares não estivesse disponível, ou não fosse um democrata. Não temos como responder a essas perguntas, portanto é preciso admitir que as lições da história não são tão relevantes e que o futuro não é determinado exclusivamente pelas condições atuais — ele é incerto.

PARTE II

O presente: o que está acontecendo?

Um CANDIDATO QUE se diz bilionário, que defende a redução de impostos e o corte de programas sociais tem o apoio da classe trabalhadora, enquanto um candidato que quer taxar os ricos é apoiado pelo *Wall Street Journal*. Um homem casado três vezes que se orgulha de assediar mulheres sexualmente recebe apoio quase unânime de grupos religiosos que defendem os "valores da família". Muita gente acredita em qualquer tipo de coisa. O partido governante perde uma disputa quando a economia está na melhor situação das últimas décadas. Uma eleição na qual quase todos os partidos, inclusive o vitorioso, fazem campanha contra "o establishment" produz um parlamento ainda mais elitista do que o que terminou seu mandato. Um golpe contra a globalização e o livre fluxo de capital e de mercadorias é desferido por partidos de direita. Nacionalistas formam alianças internacionais. Nada disso faz sentido.

O que está acontecendo, e por quê? Do que precisamos para entender tudo isso, se suspeitamos que a democracia esteja em crise? Quero compreender as atuais transformações políticas, econômicas, sociais e culturais: o que significam, se é que significam alguma coisa? Contudo, procurar um sentido é um esforço enganador, pelo que Pangloss nos diz no *Cândido* de Voltaire: que deve haver um porquê para tudo, que tudo tem que estar logicamente conectado. Na condição de intelectuais, buscamos as conexões lógicas ocultas por trás das aparências:

nas palavras de Marx, "se essência e aparência coincidissem, nenhuma ciência seria necessária". Mas o perigo é que podemos exagerar, encontrando relações de causa e efeito onde elas não existem. Embora a busca de sentido seja inevitável, encontrar um é sempre perigoso: nossas crenças estão repletas de falsos positivos.

Além disso, nem sempre é óbvio o que precisamos entender, quais são os fatos. Como disse certa vez Leo Goodman: "Um fato é, de fato, bastante abstrato". Fatos são construídos, sujeitos a interpretação, e com frequência contestados. Que partidos deveriam ser considerados de direita radical? A automação reduz mesmo a demanda por mão de obra ou os empregos tomados pelas máquinas são substituídos por outros? Existe um esvaziamento da classe média? Qual é a produtividade marginal dos CEOS? Não só as explicações são questionáveis — os fatos também.

A seguir, inverto o esquema usado para analisar o passado. Primeiro descrevo os sinais de que talvez exista uma crise: o colapso dos partidos tradicionais, o avanço da direita radical e das atitudes que a apoiam. Então me arrisco a oferecer possíveis explicações: econômicas, culturais e políticas. Feito isto, trato das questões implícitas à busca da causalidade e me concentro em explicações em nível micro. Por fim, indago se as condições atuais, e quais delas, podem ser historicamente inéditas ou constituem ameaças reais.

4. Os sinais

Os sinais de que podemos estar vivendo uma crise incluem: 1) o rápido desgaste dos sistemas partidários tradicionais; 2) o avanço de partidos e atitudes xenofóbicos, racistas e nacionalistas; e 3) o declínio no apoio à democracia em pesquisas de opinião pública.

Desgaste dos sistemas partidários tradicionais

Sistemas que perduraram sem grandes alterações por quase um século sofreram desgaste em muitos países. Os que emergiram em países europeus ocidentais e anglo-saxônicos logo depois da Primeira Guerra Mundial eram tipicamente dominados por dois partidos, um à esquerda e outro à direita do centro. Partidos com rótulos como social-democrata, socialista ou trabalhista ocupavam o espaço da esquerda moderada. As definições eram mais variadas do outro lado, mas cada país tinha pelo menos um grande partido à direita. Esses sistemas permaneceram rígidos até recentemente. Apesar de por vezes mudarem de rótulo, fundindo ou rachando, eles sobreviveram não só ao tumulto do entreguerras e à Segunda Guerra Mundial, mas também às profundas transformações econômicas, demográficas e culturais de mais de cinquenta anos após o conflito.

Independente de como a caracterizemos, essa estabilidade é espantosa.* Pouquíssimos partidos que não receberam pelo menos 20% dos votos em eleições perto de 1924 romperam essa barreira desde então. Os liberais no Reino Unido em 1929 e o NSDAP na Alemanha em 1932 foram os únicos a fazê-lo antes de 1939. O período que se seguiu imediatamente à Segunda Guerra Mundial testemunhou um surto de votação na esquerda (Partido Comunista na França em 1945, Liga Democrática do Povo Finlandês em 1945, Partido Socialista no Japão em 1947). De 1951 a 1978 apenas dois partidos, na Bélgica e na França, atravessaram pela primeira vez o limiar de 20%. Contudo, de 1978 até o momento em que este livro foi escrito, dezessete novos partidos romperam essa barreira. Um modo de interpretar essa estabilidade e seu desgaste é que, apesar da convulsão que se seguiu à Segunda Guerra Mundial, um novo partido atravessou esse limiar a cada 7,6 anos entre 1924 e 1977, e a cada 2,4 anos após 1977.

Outra maneira de caracterizar essa estabilidade e seu desgaste é examinar a percentagem dos dois partidos que receberam mais votos em cada país por volta de 1924 e permaneceram nos dois primeiros lugares nas eleições seguintes. Com exceção do NSDAP em 1930, os dois mais votados assim continuaram em todos os países examinados durante todo o período que vai até 1945. Os efeitos da guerra abalaram um pouco suas posições, mas quase 90% dos dois líderes em 1924 permaneceram nos dois primeiros lugares até o fim dos anos 1990. Uma forte desestabilização em 1999 tinha sido em boa parte superada

---

* Os seguintes números e figuras são baseados em países que eram membros da OCDE em 2000, exceto Grécia, Itália, Portugal e Espanha. O número total de países é dezenove. Devido a mudanças de nome, fusões e rachas, às vezes é necessário decidir que partidos são herdeiros dos já existentes e que partidos são novos. Os dados cobrem o período até 2014.

em 2007, mas a crise financeira de 2008 levou a outra grande reorganização. Chiaromonte e Emanuele (2017) mostram que o movimento de eleitores entre partidos aumentou no período mais recente e que a inconstância eleitoral se deve, sobretudo, à entrada e saída de partidos. A Figura 4.1 ilustra essa tendência.

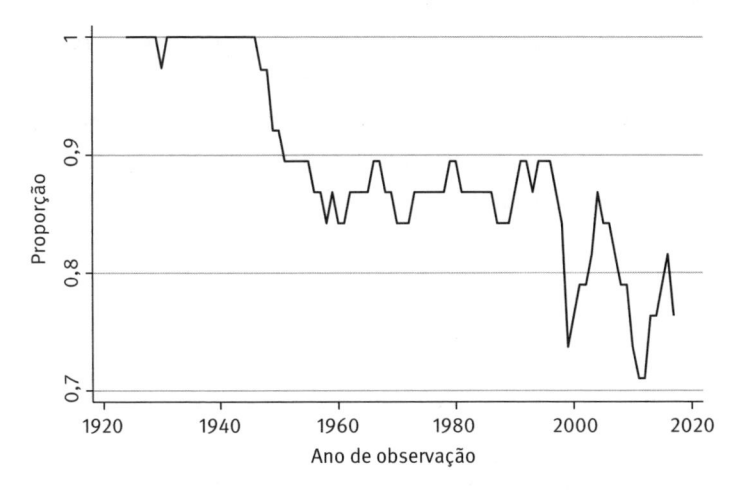

FIGURA 4.1 Proporção de partidos que foram os dois mais votados por volta de 1924 e permaneceram nos dois primeiros lugares

Esse quadro ainda subestima a estabilidade original, bem como seu desgaste recente. Isso ocorre porque vários países tinham um sistema de três ou até quatro partidos, no qual as margens de voto entre eles eram pequenas, o que facilitava que trocassem de posição entre si. Mas considerar apenas rótulos partidários, e não seus programas, é não levar em conta a flutuação ideológica geral para a direita, tanto dos partidos de centro-esquerda como de centro-direita.[1] Se fôssemos considerar programas, a desestabilização recente pareceria mais pronunciada.

Como mostra a Figura 4.2, o número efetivo de partidos*
no eleitorado aumentou desde o começo dos anos 1980, mais
uma vez com uma tendência de alta nos últimos anos. Essas
tendências indicam que os sistemas partidários tradicionais
estão desmoronando.

É possível sustentar a tese de que isso não é um sinal de crise,
apenas um realinhamento corriqueiro que resultará num rejuvenescimento da democracia. Com sorte ainda descobriremos
que era isso mesmo. Mas no momento tudo o que vemos é
que o velho sistema partidário, enrijecido por mais de 75 anos,
está desabando, e que nenhum modelo estável se cristalizou
ainda. Trata-se de uma crise: o velho está morrendo e o novo

FIGURA 4.2 Número efetivo de partidos no eleitorado desde 1960,
em países que eram membros da OCDE em 2000
Fonte: Armingeon et al. (2016). Suavizadora Lowess.

---

* "Número efetivo de partidos" é um índice que pondera partidos levando em conta sua proporção de votos (ou cadeiras). Especificamente, ele é medido por $1/v_i^2$ onde v_i é a proporção de votos do partido i. Por exemplo, se as proporções de votos de três partidos forem 0,5, 0,4 e 0,1, o número efetivo é $1/0{,}42 = 2{,}38$.

ainda não nasceu. Além disso, um realinhamento, se houver, incluirá o avanço de partidos xenofóbicos que não têm muita paciência com as normas democráticas. Como ressalta Piketty, em vista das divisões multidimensionais do eleitorado, diferentes coalizões podem surgir.[2] Ele conjectura, especificamente, que na França e nos Estados Unidos o realinhamento mais provável é o de "globalistas" contra "nativistas", ao passo que na Grã-Bretanha um "modelo duas elites" — ricos contra instruídos — persistirá. Esse fenômeno é quase universal entre as democracias desenvolvidas, portanto alguma coisa estranha está acontecendo.

O avanço do populismo de direita

O estado de espírito geral é populista. O populismo é um gêmeo ideológico do neoliberalismo. Ambos alegam que a ordem social é criada espontaneamente por um único demiurgo: "o mercado" ou "o povo", este último sempre no singular, como em *"le peuple"*, *"el pueblo"*, ou *"lud"*, e não no plural, como "as pessoas". Nenhum dos dois vê uma função para as instituições: a espontaneidade basta. Não admira que eles apareçam juntos na cena histórica.

Muitos partidos emergentes se apresentam como "antissistema", "antiestablishment" ou "antielite". São populistas na medida em que a imagem que projetam da política é a de uma elite ("casta", na linguagem do espanhol Podemos; "pântano" na de Donald Trump) que trai, abusa e explora pessoas.[3] Essas afirmações vêm tanto da esquerda como da direita.[4] Na realidade, como mostram as eleições francesas de 2017, elas podem vir do centro, ainda que, ironicamente, o parlamento resultante dessa eleição seja ainda mais elitista em termos sociais do que o que está de saída, com a única diferença de incluir menos políticos de carreira. Os partidos populistas não são antidemocráticos por proporem substituir as eleições por qualquer outro método de escolha de governantes. Mesmo quando expressam o anseio por um líder forte, querem que esses líderes sejam eleitos. Forças políticas que questionam a democracia existem, mas são marginais. Esses partidos, aqui também de esquerda e de direita, afirmam que as instituições representativas tradicionais abafam a voz do "povo" e pedem uma nova forma de democracia que implemente melhor a "soberania popular"[5] e traga os governos para mais perto "do povo".[6] Referendos de iniciativa popular são os seus favoritos, mas fora isso seus projetos de reforma constitucional são vagos. Ainda assim, a imagem populista da política está associada à rejeição da democracia representativa e sua substituição por uma democracia diferente, "direta". Portanto, embora os partidos populistas não sejam antidemocráticos, são anti-institucionais por rejeitarem o modelo tradicional de democracia representativa. Como esbravejou o candidato mexicano à presidência Manuel López Obrador, logo após sua derrota em 2006, "danem-se as suas instituições" (*"al diablo con vuestras instituciones"*).

Em questões econômicas, os partidos de esquerda são resolutamente igualitários. Os de direita são mais ambivalentes: querem preservar o apoio da *petite bourgeoisie* tradicional, que deseja menos impostos e um mercado de trabalho flexível, ao mesmo tempo que recruta operários da indústria, que por sua vez querem mais proteção no emprego e maior redistribuição de renda.[7] Os dois extremos são altamente protecionistas.[8] Além disso, opõem-se à globalização e são fortemente anti-Europa. O resultado é que em alguns países as políticas econômicas da esquerda radical e da direita radical não divergem muito. Por exemplo, a comparação dos programas eleitorais do candidato de extrema esquerda nas eleições presidenciais de 2017 Jean-Luc Mélenchon e de Marine Le Pen mostra uma convergência em questões de economia, bem-estar social, direitos do trabalhador e protecionismo.[9]

Mas as semelhanças acabam aí. A diferença nítida diz respeito a imigração, imigrantes, xenofobia e racismo. Alguns partidos populistas — Podemos na Espanha, Syriza na Grécia — são abertos à coexistência de múltiplas culturas, veem imigrantes como contribuintes líquidos para a economia e têm forte posição contra o racismo. Por sua vez, os ditos partidos de "extrema" direita ou direita "radical" são nacionalistas e xenofóbicos, ou "nativistas". Tendem também a ser racistas e repressivos, e adotam estratégias eleitorais que enfatizam a proeminência da "imigração".[10] Defendendo "valores nacionais" — expressão favorita de Marine Le Pen —, pregam a exclusão de imigrantes de serviços sociais públicos, a doutrinação nacionalista na educação, a proibição de alimentos halal nas cantinas das escolas, o uso de uniforme e por aí vai. Nesse sentido, são autoritários. Com algum desconforto, sigo Golder no uso do rótulo "direita radical" para denotar esses partidos.[11]

Embora se possa discutir quanto à classificação de determinados partidos, a tendência é manifesta. A Figura 4.3 retrata o avanço de partidos da direita radical em grupos diversos de democracias europeias e anglo-saxônicas.* Esse quadro, porém, oculta importantes diferenças entre os países.

---

* Armingeon et al. (2016) usam o rótulo "direita populista" e agrupam o que Golder (2016) distinguiria como direita "extrema" e "radical". Eles não consideram o Fidesz na Hungria, o Lei e Justiça (PiS) na Polônia e o Ukip no Reino Unido como de direita, o que eu faço. Os dados terminam em 2014.

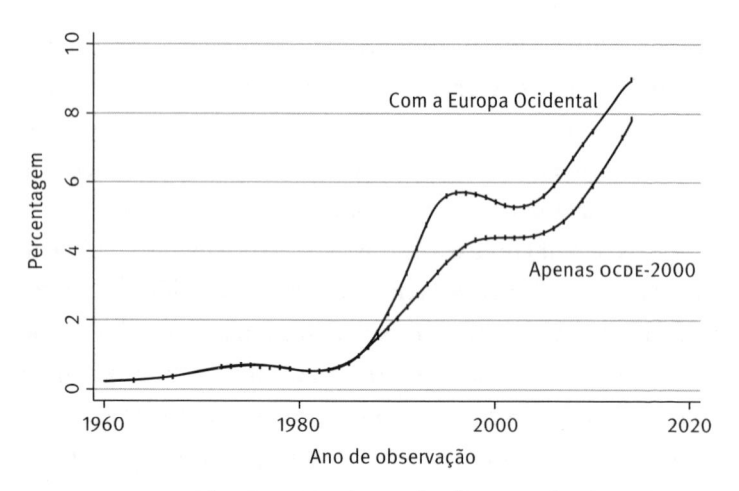

FIGURA 4.3 Média de apoio eleitoral à direita radical, por ano
Fonte: Armingeon et al. (2016), com modificações para a Hungria e a Polônia. Suavizadora Lowess.

Atualmente, a proporção mais alta de partidos da direita radical está na Suíça, na Áustria e na Dinamarca, onde ultrapassam os 20%. Na Áustria e na França, candidatos da direita radical conquistaram mais de 25% dos votos nos primeiros turnos de eleições presidenciais. Por outro lado, em cinco países esses partidos não existem ou não conseguem expressão no momento. As tendências também não são homogêneas: partidos da direita radical só ganharam força mais recentemente na Noruega, na Suécia e na Alemanha, enquanto estiveram em alta há algum tempo na Bélgica, na Itália e no Japão. A questão ainda pendente é como tratar o Partido Republicano nos Estados Unidos. Ele agora satisfaz os critérios usados pela maioria dos estudiosos para classificar partidos de direita radical, ainda que Armingeon et al. não o definam dessa maneira.[12] Essa classificação não leva em conta movimentos de partidos tradicionais de direita em direção ao extremo, talvez o motivo para que Armingeon et al. não classifiquem o húngaro Fidesz e o polonês PiS como direita radical. Partidos tradicionais perderam terreno entre eleitores potenciais, enquanto o apoio à direita radical aumentou gradualmente. Isso aconteceu porque as opiniões políticas ficaram mais polari-

TABELA 4.1 Proporção de votos da direita radical
(países que eram membros da OCDE em 2000)

País	Proporção máxima[a]	Período	Última eleição legislativa	Última eleição presidencial[b]
Áustria	28,2	2008-12	26,8	35,1
Bélgica	14,0	2007-9	3,7	
Dinamarca	21,1	2015-	21,1	
Finlândia	19,1	2011-4	17,7	9,4
França	14,9	1997-2001	14,4[c]	26,0[c]
Alemanha	12,6	2017-	12,6	
Grécia	14,4	2012-4	10,7[d]	
Islândia	3,0	2013-6	0,0	
Itália	25,8	1996-2000	4,1	
Japão	14,9	2012-3	2,1	
Luxemburgo	2,3	1989-99	0,0	
Holanda	17,0	2002	13,1	
Noruega	16,3	2013-7	15,2	
Espanha	2,1	1979-81	0,0	
Suécia	12,9	2014-	12,9	
Suíça	28,9	2007-10	26,6	
Reino Unido	3,1	2010-7	1,8	

Nota: Em 15 de outubro de 2017. A direita radical nunca obteve votos na Austrália, no Canadá, na Irlanda, na Nova Zelândia ou em Portugal. (a) Proporção máxima de votos antes da eleição parlamentar mais recente para a Câmara Baixa, se houver mais de uma câmara. Resultados do primeiro turno estão disponíveis para a França. (b) Apenas onde o presidente é eleito diretamente. (c) Front National + Debout La France. (d) Golden Dawn + ANEL.

Fonte: Armingeon et al. (2016), atualizado por pesquisa própria.

zadas, com eleitores deslocando-se para os extremos, ou porque os partidos tradicionais perderam contato com seus apoiadores? A despopularização dos partidos tradicionais não implica propriamente um declínio de preferências centristas, moderadas, apenas uma aversão aos próprios partidos. As pessoas, quando acham que todos os políticos profissionais são a mesma coisa, egoístas, desonestos ou corruptos, se viram contra eles, estejam à esquerda, à direita ou no centro. O desgaste de partidos tradicionais não significa um desgaste do centro.

O declínio dos partidos tradicionais é evidente. Na Figura 4.4 os partidos são, de cima para baixo, os principais democratas, conservadores, liberais, religiosos e comunistas, como classificados por Armingeon et al., enquanto a tendência de alta, na parte de baixo do gráfico, é para os partidos da direita radical.[13] Talvez surpreendentemente, esse desgaste do apoio aos partidos tradicionais tenha coincidido com o acentuado declínio do comparecimento às urnas (Figura 4.5).

Não é apenas coincidência. Guiso et al. lembram que se a decisão de votar e a direção do voto têm determinantes comuns, espera-se que a relação entre comparecimento às urnas e votação na direita seja negativa.[14,15] Na Figura 4.6, uma análise da regressão entre o percentual de votos e o comparecimento às urnas mostra que, entre os dez membros da OCDE antes de 2000 nos quais existe uma direita radical, só na Dinamarca a inclinação da reta é positiva.*

---

* Nos dados agrupados incluindo todos os países, a regressão OLS de efeitos fixos gera o intervalo de confiança de 95% do coeficiente como [−0,168, −0,095; N = 1571]. Uma vez que vários países não têm nenhum partido de direita radical, também estimo uma regressão Tobit de efeitos aleatórios que dá um coeficiente ainda mais negativo: [−0,487, −0,274; 453 observações não censuradas].

Os sinais

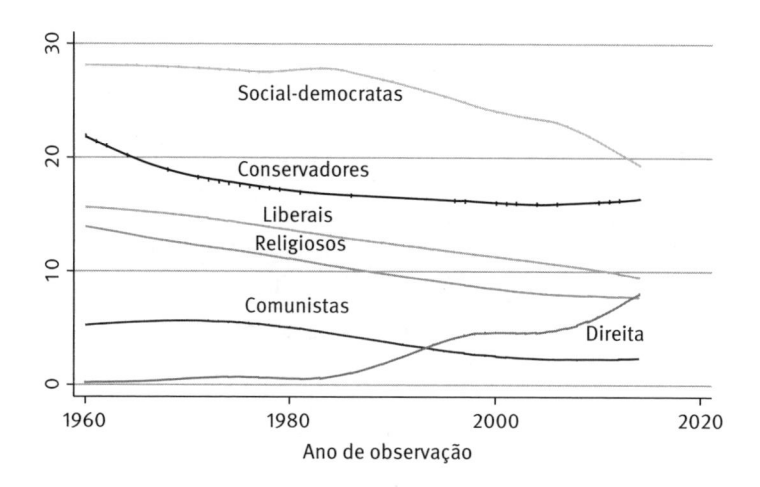

FIGURA 4.4. Proporção de votos de partidos por ano em países que eram membros da OCDE antes de 2000
Fonte: Armingeon et al. (2016). Suavizadora Lowess.

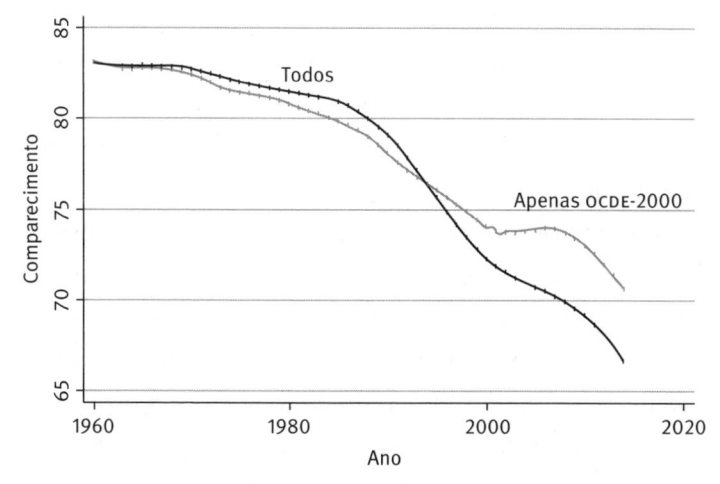

FIGURA 4.5. Comparecimento às urnas por ano
Fonte: Armingeon et al. (2016). Suavizadora Lowess.

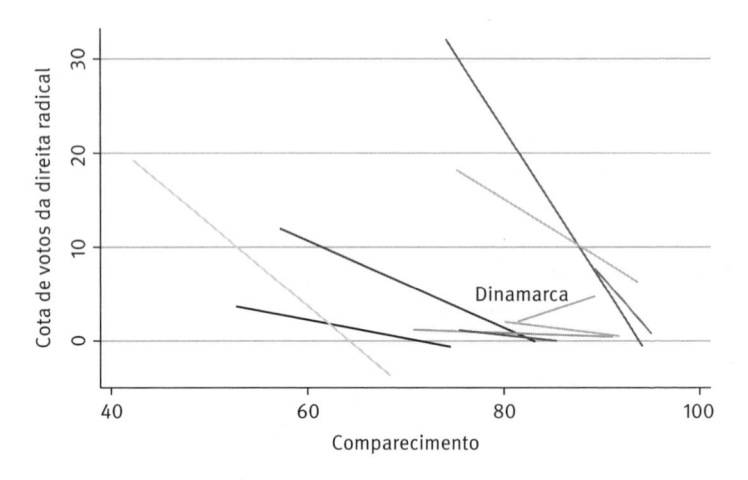

FIGURA 4.6 Comparecimento e proporção de votos na direita radical em dez democracias desenvolvidas
Fonte: Armingeon et al. (2016). Ajuste linear.

Não é possível dizer, com os dados disponíveis, que parte do aumento da proporção de votos da direita radical se deve a uma elevação no número de seus partidários e que parte se deve à crescente abstenção de eleitores centristas. Apesar disso, pode muito bem ser que a proporção da direita radical se deva mais à abstenção de eleitores centristas do que a um aumento de eleitores extremistas.

Por que os eleitores do centro sairiam do processo eleitoral? Há duas hipóteses, não necessariamente rivais. Uma diz o seguinte: a crise de estagflação dos anos 1970, seguida pelas vitórias de Thatcher e Reagan, empurrou partidos tradicionais de direita para a direita. Por alguma razão, talvez devido ao desastre econômico do primeiro ano do governo Mitterrand, os social-democratas também fizeram uma *"virage"* para a direita, adotando a linguagem de "trade-offs" entre igualdade e eficiência, disciplina fiscal e mercados de trabalho flexíveis. Como resultado, a distância ideológica entre os dois maiores partidos de centro-esquerda e centro-direita diminuiu acentuadamente durante o período do pós-guerra, talvez com uma leve recuperação depois da crise de 2008, como mostrado na Figura 4.7.

Contudo, a convergência de programas partidários na dimensão esquerda-direita não é a única explicação plausível. Lipset já sustentava que atitudes políticas são bidimensionais, com a segunda dimensão sendo o autoritarismo.[16] De acordo com Albright, a dimensão única esquerda-direita "está continuamente perdendo sua capacidade de resumir o comportamento partidário".[17] Apesar de as questões econômicas ainda serem a dimensão na qual os partidos mais competem entre

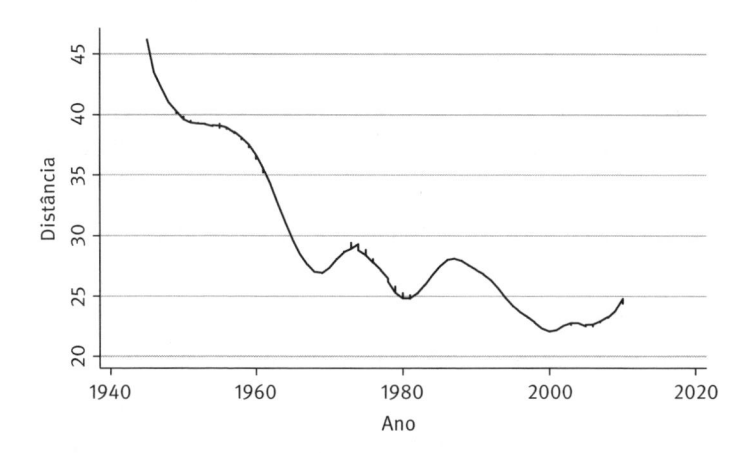

FIGURA 4.7 Distância ideológica entre partidos de centro, por ano
Dados do Manifestos Project, cortesia de José María Maravall.
A escala ideológica vai de −100 à esquerda a +100 à direita.
Os países incluem Europa Ocidental mais Austrália,
Israel, Japão e Nova Zelândia. Suavizadora Lowess.

si na maioria dos países,[18] debates sociais e culturais vêm adquirindo importância desde os anos 1970.[19] Além disso, já se argumentou que em muitos lugares as dimensões cultural e econômica não estão mais nitidamente correlacionadas, de modo que o espaço político não pode ser caracterizado por um único eixo esquerda-direita, tendo que ser visto como bidimensional.[20] Brady, Ferejohn e Papano, por exemplo, descobriram, num estudo de sete países, que os partidos tradicionais adotam mais políticas pró-imigração do que seus apoiadores e atribuem o enfraquecimento desses partidos a essa distância: "A imigração abriu uma brecha entre os principais partidos — aqueles que costumam desempenhar funções no governo — e seus partidários, e essa brecha cria um espaço enorme para novos movimentos, seja dentro ou fora dos partidos existentes".[21] Por muito tempo, a retórica da direita radical foi a de que "eles estão tomando os empregos de vocês", ao passo que, recentemente, ela passou a insistir na linha de "vocês estão pagando por eles", a "classe média" está pagando pelos pobres, em especial os imigrantes, e mais ainda aqueles cuja cor de pele é diferente. "Famílias de imigrantes ilegais recebem muito mais em benefícios previdenciários federais do que famílias de americanos", escreveu Trump numa postagem de 2016 no Facebook; "vou corrigir isto". Como Brady, Ferejohn e Paparo afirmam, "a imigração dá um rosto a acontecimentos que podem muito bem ser atribuíveis a outras forças".[22] O desfecho é que, seja qual for a distância esquerda-direita entre eles, os partidos tradicionais aumentaram sua distância das preferências dos eleitores na questão da imigração, alienando seus seguidores.

Uma questão em aberto é saber por que os partidos de centro permaneceriam longe dos eleitores na segunda dimensão, seja ela qual for. Uma explicação plausível é oferecida por Dancygier.[23] Satisfazer preferências xenofóbicas custa caro em termos de votos, pois leva as pessoas a quem ela chama de "cosmopolitas" a deixarem o eleitorado. Por essa razão, partidos de centro se veem diante de um duelo entre conquistar alguns setores do eleitorado potencial e perder votos de outros. Eles adotam posturas xenofóbicas quando isso traz vantagens eleitorais e se abstêm de apelar quando isso poderia resultar em desgaste da sua base tradicional. Mesmo que maximizem seu potencial de votos, nos dois casos a margem de movimento é bem limitada. Como resultado, eles continuam distantes de alguns eleitores na dimensão cultural.

Antes de resumir, é instrutivo examinar no detalhe um país em particular: a França. Primeiro, embora uma vasta maioria dos entrevistados franceses na pesquisa — 71%, que em 2013 eram 57% — agora ache que "as noções de esquerda e direita são obsoletas", 94% ainda conseguem se localizar nessa dimensão.[24] Da mesma forma, 91% dos europeus em geral (excluindo a Rússia).[25] Nos últimos quarenta anos, a França vivenciou várias alternâncias partidárias no poder, com todos os governos concentrando-se na redução do desemprego, apesar de o índice jamais cair abaixo dos 9%. Como consequência, como informa Teinturier, os eleitores se perguntam se a política tem qualquer efeito sobre sua vida.[26] Desde 2013, 75% a 83% dos franceses declaram que "o sistema democrático funciona muito mal na França. Tenho a impressão de que minhas ideias não são bem representadas". Além disso, cerca de dois terços acreditam que "os políticos são, em sua maioria, corruptos", e 83% a 89% acham que "eles atuam acima de tudo em defesa de interesses pessoais". Políticos fazem 40% pensar em decepção, 20%

em aversão, 13% em raiva e 9% em indiferença.[27] A abstenção eleitoral nas eleições legislativas disparou desde os anos 1980, e nas presidenciais a partir de 2007. Juntas, essas tendências indicam que, embora a dimensão esquerda-direita continue tão evidente quanto no passado, a maioria das pessoas simplesmente tem aversão aos partidos tradicionais.

Ao mesmo tempo, há uma percepção geral de que a questão do espaço não é unidimensional. Como Inglehart, Foucault vê a segunda dimensão como amplamente cultural, mas sem especificar seus componentes ou mostrar sua independência da dimensão econômica.[28] Num romance audacioso (*Submissão*, publicado em 2015), Michel Houellebecq acena com o fantasma de uma coalizão confessional católico-islâmica em oposição a uma aliança secular e republicana. A única prova contundente que consegui encontrar é de Piketty, que usa pesquisas de boca de urna para classificar eleitores de acordo com a atitude positiva ou negativa em relação à redistribuição e à imigração e mostra que em 2017 eles se dividiam quase igualmente entre as quatro células dessa tabela.[29] Assim, a confirmação que se tem é que a imigração divide as pessoas, independente da dimensão esquerda-direita, embora não fique claro o que mais as divide.

Além disso, o resultado da eleição presidencial de 2017 foi ruim para a esquerda tradicional. Entre seus distritos eleitorais, a proporção de votos na esquerda entre pessoas de dezoito a 39 anos caiu de 31% em 2012 para 7%; entre as pessoas com escolaridade acima do ensino médio, de 33% para 7%; entre funcionários públicos, de 41% para 8%. Mas parece que a maioria dos votos que os socialistas perderam foi para a extrema esquerda ou o centro, não beneficiando a direita. Por sua vez, embora a eleição de 2017 tenha sido a primeira em que mais operários votaram na direita (Front National) do que na esquerda, o maior grupo entre eles é o de não eleitores.[30]

No fim das contas, mesmo com todos esses dados é difícil dizer até que ponto as recentes transformações políticas na França vêm da insatisfação geral com os partidos tradicionais — uma crise de representação — e até que ponto se devem ao surgimento de alguma segunda dimensão que divide as pessoas independente da dimensão econômica. Piketty informa que a proporção de eleitores que dizem que há imigrantes "demais" na França na realidade caiu ao longo do tempo, assim como a importância da dimensão religiosa.[31] Portanto, não fica claro se o desaparecimento potencial dos tradicionais partidos de centro-esquerda e de centro-direita se deve à insatisfação dos eleitores com os políticos ou à distância entre os políticos e os eleitores na questão da imigração.

De forma mais geral, é possível ver que o apoio aos partidos tradicionais de centro desmoronou em toda a Europa e que alguns eleitores centristas deixaram o eleitorado, enquanto as proporções de votos de partidos da direita radical aumentaram, embora não necessariamente os números absolutos de seus apoiadores. É difícil avaliar até que ponto essas transformações se devem à rejeição geral a partidos e a políticos e até que ponto se devem à ascensão de alguma segunda dimensão "cultural". Além disso, repetindo a advertência da seção "Desgaste dos sistemas partidários tradicionais" (p.111), a rejeição à política partidária pode ser apenas um fenômeno transitório: novos partidos de centro podem substituir os tradicionais, mobilizar eleitores centristas e deter o movimento do eleitorado para a direita radical, como parece estar acontecendo na França. Mas é possível também que o centro continue a sofrer desgaste, e que partidos xenofóbicos e populistas continuem a ganhar força, ou que os partidos centristas tradicionais só consigam impedir o avanço eleitoral da direita radical movendo-se, eles próprios, para essa posição.

Declínio do apoio à democracia nas pesquisas

Pesquisas de todos os tipos são citadas para provar o apoio cada vez menor à democracia: fala-se muito em "retrocesso democrático" ou "deterioração democrática". Em particular, Foa e Mounk acham assustador que nos seis países estudados as pessoas mais jovens considerem menos "essencial viver numa democracia". [32, 33] Armingeon e Guthman examinaram 78 pesquisas em 26 países da União Europeia para comparar o apoio à democracia em 2007 e em 2011.[34] Descobriram que esse apoio diminuiu em vinte países e aumentou em seis, com a média total caindo 7,2 pontos. Os países mais afetados pela crise de 2008, em especial a Grécia e a Espanha, foram onde esse apoio mais caiu. Resultados parecidos sobre o efeito da crise de 2008 aparecem em pesquisas realizadas pelo World Values Studies que perguntam se as pessoas confiam na democracia, em especialistas, no Exército ou em líderes fortes, embora com padrões mais heterogêneos no longo prazo, e com os Estados Unidos apresentando maior queda no prestígio relativo da democracia desde o período de 1994-8.[35] As pesquisas também mostram perda de confiança em outras instituições, não apenas as representativas. Pelo menos nos Estados Unidos, caiu também a confiança nos jornais, na televisão, nos bancos, nas grandes empresas, na religião, nas escolas e no sistema de saúde.[36]

Serão esses números sinais de uma crise da democracia? Se uma crise puder ser definida por esses dados, o que temos aqui é apenas uma tautologia, embora uma tautologia bastante usada. Mas devemos interpretar isso como o prenúncio de um colapso? Títulos de artigos populares em que esses números "tocam o dobre de finados pela democracia" estão em toda parte. Apesar de tudo, por mais desalentadores que possam ser, não há prova alguma de que esses dados sejam prenúncio de qualquer coisa. Seis meses antes do golpe no Chile, apenas 27,5% dos entrevistados achavam que "um golpe militar é conveniente para o país".[37] Se a democracia precisa de democratas, se sua existência depende de atitudes individuais, é um tema controverso. Ainda que a resposta seja afirmativa, a relação de causa e efeito entre respostas de pesquisas e o desgaste da democracia deve depender das ações de grupos políticos organizados.

Respostas a pesquisas são informativas, mas não proféticas. Para começar, ninguém sabe o que as pessoas, em diferentes países e diferentes momentos, entendem por democracia quando lhes perguntam se esta é a melhor forma de governo, ou se é essencial que seu país seja governado democraticamente. Embora as elites vejam a democracia em termos institucionais, várias pesquisas indicam que o público em geral costuma concebê-la em termos de "igualdade social e econômica". E, ainda que pesquisas recentes indiquem que muitas pessoas estariam dispostas a ser governadas por "líderes fortes", ou por "especialistas" sem partido, será que isso significa que elas não querem que sua voz seja ouvida na escolha dos líderes e dos especialistas? O gosto de escolher governos através de eleições é um gosto adquirido, mas, depois de adquirido, vicia. Querer que governantes sejam eficazes, esperar que sejam competentes e capazes de melhorar a vida das pessoas não implica abdicar do direito de escolhê-los e de substituí-los quando fracassam. Por fim, apesar de todas as variações no apoio à democracia demonstradas por pesquisas em diferentes países desenvolvidos nos últimos 35 anos, o regime não entrou em colapso em nenhum deles. É justo nos preocuparmos quando poucas pessoas declaram confiar em partidos políticos, parlamentos ou governos, quando a convicção de que a democracia é o melhor sistema de governo diminui no público em geral ou quando o anseio por líderes fortes ou por um governo de especialistas aumenta. Mas o poder profético das respostas sobre o colapso total da democracia é nenhum. Não devemos tirar conclusões a partir delas.

5. Possíveis causas

AGORA UMA PIADA IRLANDESA. Um casal de turistas se perde enquanto caminha pelo interior da Irlanda. Perguntam a um camponês: "Como se faz para ir daqui até Dublin?". Ele responde: "Em primeiro lugar, não é daqui que se começa". Por onde começar as explicações? Globalização, mudanças tecnológicas, ruptura dos acordos de classes, imigração, autorização de preconceitos por políticos rebeldes ou qualquer outra coisa? O objetivo deste capítulo é simplesmente catalogar potenciais explicações, sem tentar decidir entre elas. Questões envolvidas na identificação de causalidade serão levantadas no capítulo 6.

Economia: estagnação de renda, desigualdade e mobilidade

O instinto manda começar pela economia, e é por onde vou. Os avanços das últimas décadas podem ser caracterizados, genericamente, por três transformações que causaram dois efeitos. São elas: 1) o declínio das taxas de crescimento de países já desenvolvidos; 2) o aumento da desigualdade de renda entre indivíduos e famílias, bem como o declínio do fator trabalho na indústria; e 3) a queda de empregos na indústria e a ascensão do setor de serviços, sobretudo de empregos com baixos salários nesse setor. Eis algumas provas.

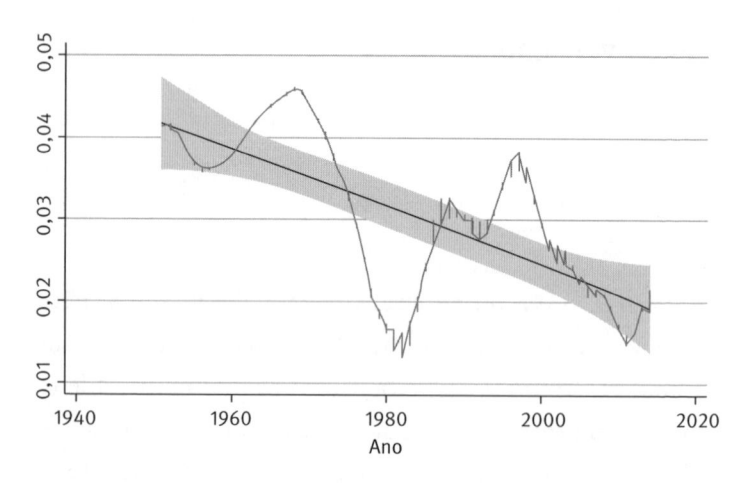

FIGURA 5.1 Taxa de crescimento da renda per capita por ano em países que eram membros da OCDE antes de 2000
A linha irregular é uma suavizadora Lowess.
A linha é ajustada por uma regressão polinomial fracionária com 95% de intervalo de confiança.

As taxas de crescimento das democracias desenvolvidas, que defino como países que eram membros da OCDE antes de 2000, caíram de cerca de 4% depois da Segunda Guerra Mundial para cerca de 2% atualmente. A Figura 5.1 mostra as médias anuais e a tendência. Como visto na Figura 5.2, a média de desigualdade em cada país disparou (o gráfico parece quase idêntico em países que eram membros da OCDE antes de 2000). A Figura 5.3 aponta que o fator trabalho médio despencou a partir de 1980, mais ou menos. Por sua vez, como demonstrado na Figura 5.4, o emprego na indústria caiu em termos absolutos nas democracias desenvolvidas, enquanto o emprego em serviços aumentou.

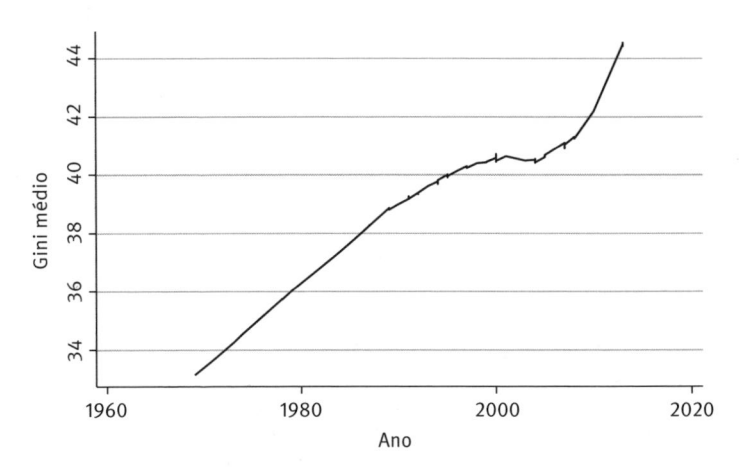

FIGURA 5.2 Coeficiente de Gini médio de rendas pré-tributação na Europa, Japão, Austrália, Nova Zelândia, por ano
Fonte: Armingeon et al. (2016). Suavizadora Lowess.

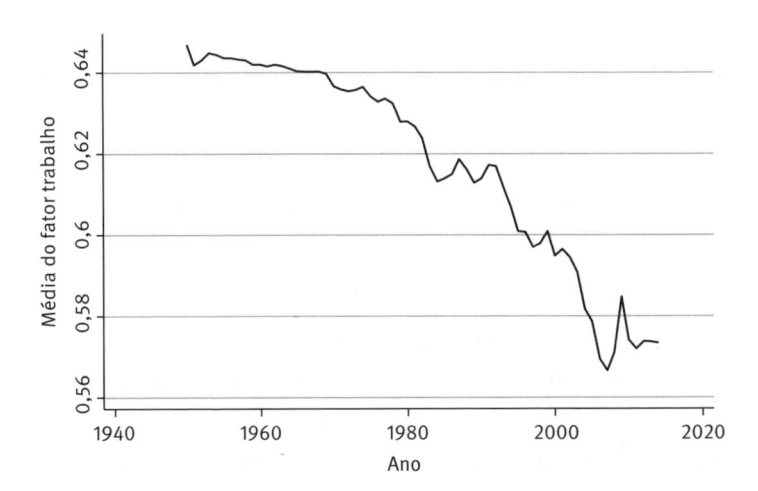

FIGURA 5.3 Média do fator trabalho por ano entre países que eram membros da OCDE antes de 2000

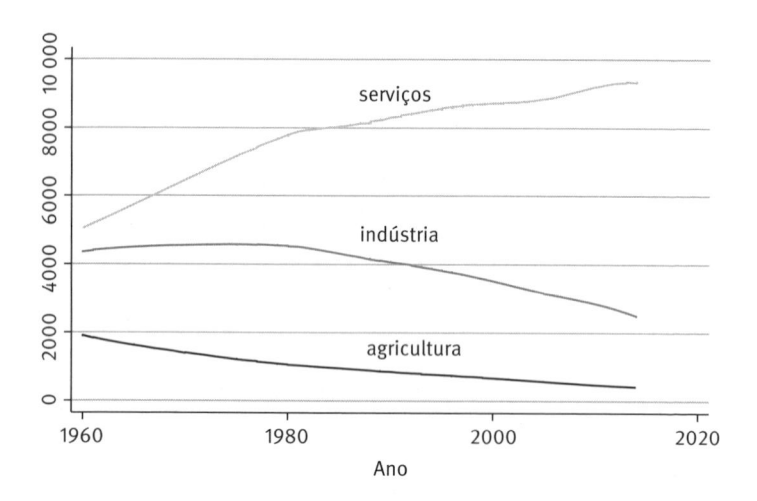

FIGURA 5.4 Média de emprego por setor
ao longo do tempo, números absolutos
Fonte: Armingeon et al. (2016). Suavizadora Lowess.

O primeiro efeito da combinação de taxas de crescimento em queda com desigualdade em alta é a estagnação das rendas mais baixas, que tem sido excepcionalmente duradoura nos Estados Unidos, como visto na Figura 5.5. O gráfico é um pouco diferente nos demais países da OCDE-2000. A Figura 5.6 mostra que, enquanto a distância entre a renda dos 10% do topo e dos 10% da base aumentou de maneira acentuada a partir dos anos 1980, as rendas abaixo da média continuaram a subir devagar até que todas foram atingidas pela crise de 2008.

O segundo efeito é o desgaste da crença no progresso material. De acordo com o Pew Research Center (Global Attitudes Survey da primavera de 2015), 60% dos entrevistados nos Estados Unidos e 64% na Europa acham que seus filhos estarão em pior situação financeira do que eles estão. E não é só uma

Possíveis causas

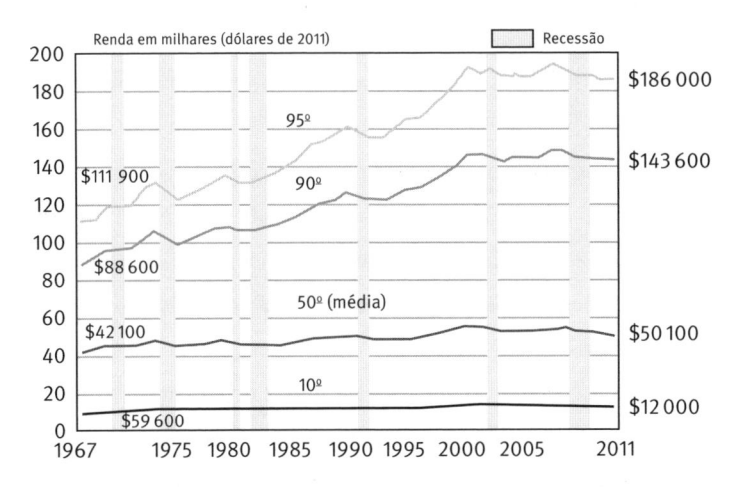

FIGURA 5.5 Renda familiar real em percentis selecionados, 1967-2011
Fonte: United States Census Bureau, domínio público.

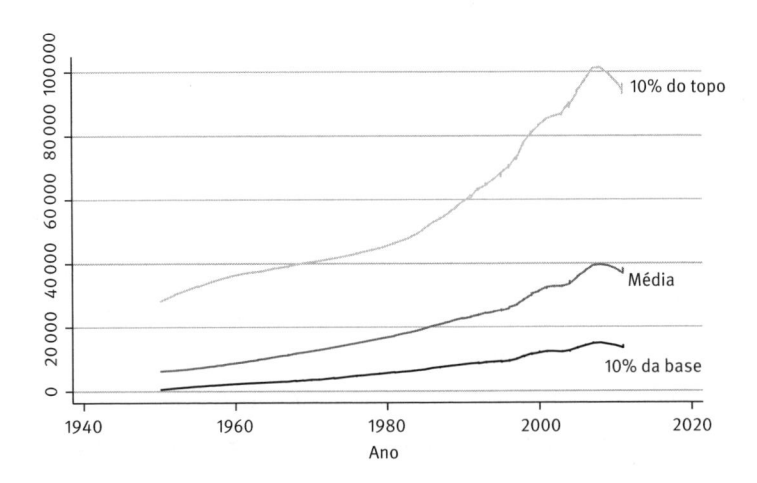

FIGURA 5.6 Renda média de grupos selecionados
em países da OCDE-2000, excluindo os Estados Unidos
Calculadas a partir de PWT 9.0 e WIDER, em dólares de 2011
com paridade do poder de compra. Suavizadora Lowess.

impressão. Chetty et al. estimam que nos Estados Unidos 90% das pessoas de trinta anos estavam em melhor situação do que seus pais na mesma idade em 1970, ao passo que em 2010 isso acontecia apenas com 50%.[1] Esse colapso da fé profundamente arraigada no progresso entre as gerações é um fenômeno em escala civilizacional. A expectativa de progresso material foi um componente essencial para a civilização ocidental nos últimos duzentos anos. Desde 1820, cada nova geração na Europa e nos Estados Unidos vivia e esperava viver melhor do que seus pais, e essa certeza está sendo destruída. Essa transformação pode ter profundas consequências culturais e políticas.

Por que essas transformações econômicas aconteceram? Duas hipóteses são simples e plausíveis. Uma é a "globalização": a combinação da liberalização de mercados de bens e capitais com as reformas chinesas. A segunda é um autogolpe da burguesia, a ruptura do acordo de classes. Esses dois acontecimentos se deram por volta de 1978-80. Podem ou não estar associados, mas eu os discuto separadamente.

O efeito da China é tema de muita controvérsia. Autor et al. concluem que o crescimento das importações causa desemprego mais alto, participação mais baixa da força de trabalho e reduz salários em mercados locais nos quais as indústrias concorrem com as importações.[2] Eles atribuem um quarto do declínio total de empregos atuais na indústria norte-americana à concorrência da China. Mas Rothwell questiona essas estimativas, concluindo que a concorrência estrangeira não parece aumentar o risco de perda de emprego num grau maior do que a concorrência interna, e que as pessoas que vivem nas comunidades mais expostas à concorrência de outros países não estão em situação pior do que a média.³ Rothwell e Diego-Rosell concluem que, "surpreendentemente, parece não haver ligação alguma entre maior exposição à concorrência comercial, ou à competição com trabalhadores imigrantes, e apoio a políticas nacionalistas nos Estados Unidos, como representado pela campanha de Trump".⁴ Por sua vez, Miao afirma que a concorrência dos importados reduz preços e identifica um significativo ganho de bem-estar resultante do comércio com a China.⁵ Além disso, Helpman conclui que a desigualdade salarial crescente se deve acima de tudo a fatores outros que não o comércio de mercadorias.⁶ Os economistas precisam então encontrar uma solução para suas divergências. O que está claro é que algumas pessoas perderam em consequência da globalização e não foram compensadas por políticas redistributivas ou de outra natureza.⁷

Uma explicação alternativa é a ruptura do acordo de classes. O caso mais surpreendente é o dos Estados Unidos, retratado na Figura 5.7. O mesmo é verdade com relação a outras economias desenvolvidas (algumas, não todas) depois de 1999, segundo a Figura 5.8. Outras fontes mostram que a mesma coisa ocorreu na Alemanha a partir de 1997, no Japão a partir de 2002 e no Reino Unido a partir de 1988.

Até 1978, mais ou menos, aumentos salariais seguiam quase exatamente aumentos de produtividade, de modo que a distribuição de renda por tipo de ocupação era estável. Operários da indústria se organizavam em sindicatos protegidos pelo Estado, e, na situação de quase pleno emprego, os sindicatos tinham poder de monopólio sobre os mercados de trabalho. Prevendo que demandas excessivas levariam as empresas a investirem menos,

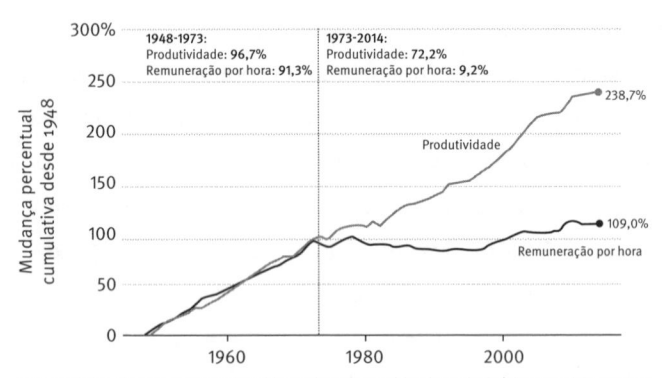

300% 1948-1973: Produtividade: **96,7%** Remuneração por hora: **91,3%**
1973-2014: Produtividade: **72,2%** Remuneração por hora: **9,2%**

238,7% Produtividade

109,0% Remuneração por hora

Mudança percentual cumulativa desde 1948

1960 1980 2000

Nota: Os dados são para remuneração média por hora de operários de produção/não supervisão no setor privado e produtividade líquida da economia total. "Produtividade líquida" é o crescimento da produção de bens e serviços, menos depreciação por hora trabalhada.

FIGURA 5.7 Discrepância entre produtividade e remuneração típica do trabalhador, 1948-2014

Fonte: Economic Policy Institute.

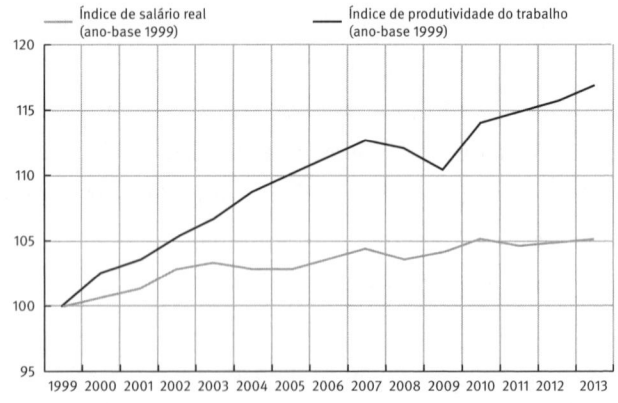

Índice de salário real (ano-base 1999)
Índice de produtividade do trabalho (ano-base 1999)

1999 2000 2001 2002 2003 2004 2005 2006 2007 2008 2009 2010 2011 2012 2013

Nota: A produtividade do trabalho é definida como PIB por pessoa empregada e PIB usado em dólares de 2005 com paridade do poder de compra para todos os países. Economias avançadas do G20 incluem: Austrália, Canadá, França, Alemanha, Itália, Japão, Coreia do Sul, Reino Unido e Estados Unidos. Os dois índices se baseiam numa média avaliada de todos os países do grupo levando em conta a produtividade do trabalho e o tamanho do emprego remunerado.

FIGURA 5.8 Índice de produtividade e salário (economias avançadas G20)

Fonte: ILO.

os sindicatos, onde quer que fossem suficientemente centralizados, exerciam autocontrole salarial. As políticas governamentais eram submetidas às mesmas restrições dos sindicatos: a consciência de que a alta tributação da renda reduziria os investimentos e, com isso, o consumo futuro. Por sua vez, diante de demandas salariais e tributárias moderadas, as empresas não só investiam, mas também podiam conviver com os sindicatos e com a democracia. Como resultado, um "acordo de classes democrático" surgia de forma natural. O governo gerenciava esse acordo regulando mercados, fornecendo serviços sociais e oferecendo incentivos para investimento e inovação.

Esse acordo foi destruído no Reino Unido e nos Estados Unidos pelas respectivas vitórias de Thatcher e Reagan, cujos primeiros alvos foram os sindicatos,* e desgastou-se aos poucos na maioria dos outros países. Assim, como mostra a Figura 5.9, a densidade sindical média caiu mais de dez pontos percentuais entre o auge em 1980 e 2010. Talvez a política mais significativa do governo Thatcher tenha sido a sub-reptícia abertura da conta de capital, que alterou os trade-offs entre redistribuição e crescimento e com isso forçou os dois maiores partidos a reduzirem a extensão da redistribuição que propunham.[8] A abertura da conta de capital não foi um tema debatido na eleição de 1979, quando Margaret Thatcher assumiu o cargo. Mas, uma vez tomada a decisão, todo o espectro de políticas viáveis foi alterado. Vale ressaltar que essa ofensiva da direita foi premeditada, planejada, amplamente promovida por todos os

---

* "Sindicatos" foi a palavra usada com mais frequência tanto no Manifesto Conservador como na campanha eleitoral de Thatcher de 1979. Sob pressão conjunta do desemprego e de uma legislação hostil, o movimento sindical foi seriamente enfraquecido, perdendo 17% dos seus membros em cinco anos.

grupos de especialistas imagináveis e imposta pela influência dos Estados Unidos nas instituições financeiras internacionais com o código "Consenso de Washington".

Quaisquer que tenham sido as causas além da automação, esses processos produziram ganhadores e perdedores. Para referência futura, é necessário distinguir: 1) perdedores de fato, aqueles que perderam empregos estáveis com salários decentes na indústria e ou migraram para serviços de remuneração inferior, ou foram obrigados a se aposentar ou se tornaram desempregados por longos períodos; 2) prováveis perdedores, aqueles que temem esse destino; 3) não vencedores, principalmente os que trabalham por conta própria, a tradicional *petite bourgeoisie*, cujas condições materiais não mudaram muito, para pior ou para melhor; e 4) vencedores, os beneficiários de rendas, quaisquer que sejam.

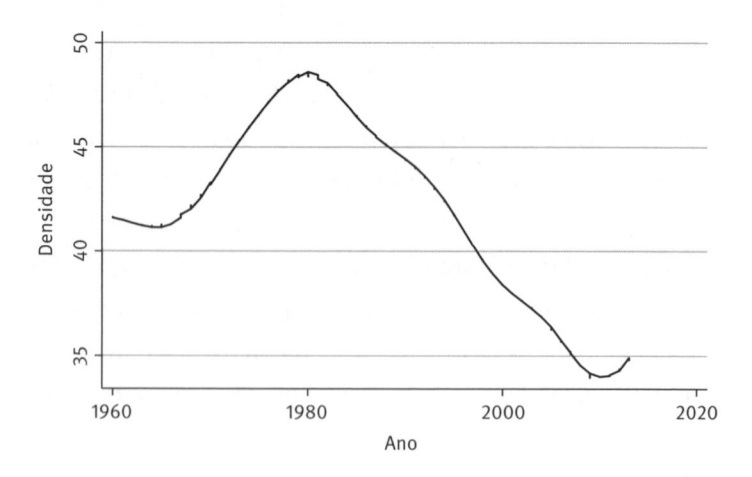

FIGURA 5.9 Densidade sindical por ano em países que eram membros da OCDE antes de 2000
Fonte: Armingeon et al. (2016). Suavizadora Lowess.

Divisão: polarização, racismo e hostilidade

Ao pensar na intensidade das divisões políticas, precisamos levar em conta dois aspectos. 1) Distribuições de preferências no que diz respeito a alguma dimensão política geral (liberal-conservadora nos Estados Unidos, esquerda-direita na Europa) ou em questões específicas, como imigração. Essas distribuições podem ser caracterizadas em termos de polarização: uma população está polarizada se as preferências individuais dividem as pessoas em grupos internamente homogêneos e distantes uns dos outros.[9] 2) As ações que pessoas com preferências particulares estão ou não dispostas a cometer com relação a membros de outro(s) grupo(s). Isto é importante porque pessoas com o mesmo perfil ideológico podem ter pontos de vista diferentes sobre aquelas de quem discordam e estar ou não dispostas a cometer atos hostis contra elas.

A distância ideológica de simpatizantes deste ou daquele partido nos Estados Unidos, representada na Figura 5.10, aumentou de forma marcante nos últimos 23 anos. Se o mesmo é verdade entre os países europeus é mais difícil de detectar devido à frequência de sistemas multipartidários, nos quais as pessoas se organizam em partidos que ocupam posições variadas no espectro esquerda-direita. Em razão da disponibilidade de diferentes partidos, seria de esperar que os apoiadores de cada um fossem mais homogêneos, mas a distância geral entre eles é mais difícil de caracterizar. Na realidade, as provas de que os eleitores se afastaram do centro são ambíguas fora dos Estados Unidos. A distribuição de posições individuais na dimensão esquerda-direita, estudada por Medina em dezoito

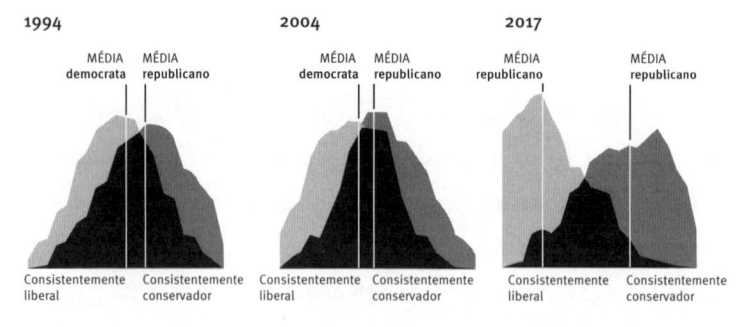

Distribuição de democratas e republicanos numa escala de valores políticos de dez itens

1994	2004	2017
MÉDIA democrata / MÉDIA republicano	MÉDIA democrata / MÉDIA republicano	MÉDIA republicano / MÉDIA republicano
Consistentemente liberal — Consistentemente conservador	Consistentemente liberal — Consistentemente conservador	Consistentemente liberal — Consistentemente conservador

Notas: Consistência ideológica baseada numa escala de dez questões de valores políticos (ver metodologia). A área cinza-clara do gráfico representa a distribuição ideológica de democratas e independentes de inclinação democrata; a área cinza-escura, a de republicanos e independentes de inclinação republicana. A sobreposição dessas duas distribuições é sombreada de preto.

FIGURA 5.10 Democratas e republicanos mais divididos ideologicamente do que no passado
Fonte: Pew Research Center, domínio público
(ver: <www.pewresearch.org/terms-and-conditions>).

países europeus, tende a ser trimodal, com uma grande moda no centro e pequenas modas à esquerda e à direita.[10] Entre 2002-3 e 2008, a posição média deslocou-se para a esquerda em seis países, para a direita em seis, e em seis permaneceu estatisticamente indistinguível. Em termos de polarização, o tamanho da moda do centro diminuiu em sete países (Bélgica, República Tcheca, Dinamarca, Finlândia, Alemanha, Polônia e Eslovênia), aumentou em três e permaneceu a mesma em oito. Por sua vez, Moral e Best descobriram que a polarização de cidadãos aumentou na Austrália, na Dinamarca, na Suécia e nos Estados Unidos, mas diminuiu na Alemanha e na Holanda.[11] Por essas razões, ainda que em alguns países as pessoas tenham se afastado do centro, não existe uma tendência europeia geral.

Como mostra a Figura 5.11, o aumento da polarização é evidente no que diz respeito à imigração. A imigração, em alguns países especificamente o ingresso de refugiados, é também a questão mais patente e contenciosa na Europa. A distribuição de pontos de vista sobre o assunto é claramente bimodal em todo o continente.[12] Além disso, embora as atitudes em relação à imigração variem entre os países europeus, sobressai o fato de que os entrevistados na pesquisa distinguem os imigrantes em potencial por etnia ou raça: como visto na Figura 5.12, ciganos são menos bem-vindos do que os judeus em quase todos os países.

A linguagem de "imigração" usada pela direita junta duas questões numa só. Uma é o controle do atual fluxo de estrangeiros nas fronteiras, que é o estandarte da linguagem da "soberania nacional". Note-se, contudo, que o atual fluxo

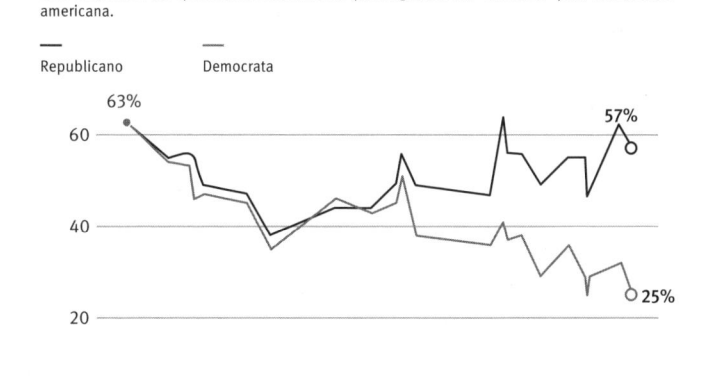

Uma fatia maior de republicanos está dizendo que imigrantes são "um fardo" para a sociedade americana.

FIGURA 5.11 A imigração nem sempre foi uma questão partidária
Fonte: Pew Research Center, domínio público
(ver: <www.pewresearch.org/terms-and-conditions>).

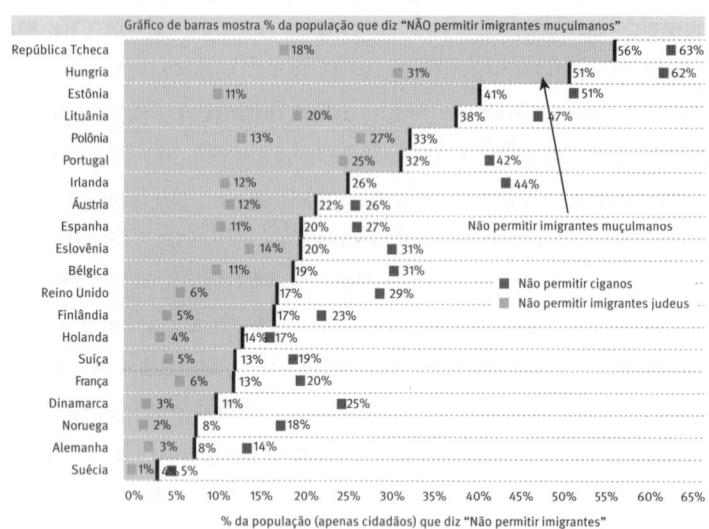

Atitudes europeias em relação a imigrantes: diferenças raciais

País	Não permitir ciganos	Não permitir imigrantes judeus	Não permitir imigrantes muçulmanos
República Tcheca	18%	56%	63%
Hungria	31%	51%	62%
Estônia	11%	41%	51%
Lituânia	20%	38%	47%
Polônia	13%	27%	33%
Portugal	25%	32%	42%
Irlanda	12%	26%	44%
Áustria	12%	22%	26%
Espanha	11%	20%	27%
Eslovênia	14%	20%	31%
Bélgica	11%	19%	31%
Reino Unido	6%	17%	29%
Finlândia	5%	17%	23%
Holanda	4%	14%	17%
Suíça	5%	13%	19%
França	6%	13%	20%
Dinamarca	3%	11%	25%
Noruega	2%	8%	18%
Alemanha	3%	8%	14%
Suécia	1%	4%	5%

% da população (apenas cidadãos) que diz "Não permitir imigrantes"

FIGURA 5.12 Atitudes europeias em relação a imigrantes: diferenças raciais
Fonte: European Social Survey.

líquido entre Estados Unidos e México é para o sul: de acordo com o Pew Research Center, entre 2008 e 2014 a população mexicana nos Estados Unidos teve uma redução de 140 mil habitantes.[13] O presidente Trump, se de fato erguer um muro, manterá mais mexicanos dentro do país do que impedirá que entrem. Na realidade, há razões para acreditar que, se a fronteira fosse totalmente aberta, haveria sempre menos mexicanos em situação ilegal nos Estados Unidos: diminuir o risco de não poder voltar reduziria os incentivos para ficar ilegalmente. O mesmo não se aplica a países expostos a um gigantesco influxo de refugiados, mas ocorre na França, onde o ingresso líquido é relativamente baixo. Marine Le Pen ou Donald Trump, quando se referem a imigrantes, estão na verdade se referindo à terceira geração de descendentes de imigrantes, que por acaso têm uma fisionomia diferente. Ambos invocam o mito de uma "cultura nacional", uma forma de vida tradicional que está sendo enfraquecida pela presença de "imigrantes". "Imigrantes" é só um código para racismo.

Por mais desrespeitoso que pareça, é importante investigar a relação conceitual entre racismo e multiculturalismo. A diferença óbvia é que o racismo reivindica a desigualdade entre grupos, tratando-os como inatamente superiores e inferiores. A segunda diferença é que as raças são definidas pelos racistas, e em sua opinião alguém é membro de uma raça em virtude de sua origem, independente de escolha pessoal, enquanto a ideologia do multiculturalismo permite aos indivíduos escolherem sua identidade cultural. Mas as identidades que escolhemos para nós mesmos nem sempre são aquelas que os outros enxergam. Numa bela expressão de Amitav Gosh, nós deixamos "linhas de sombra": posso não me ver como judeu ou muçulmano, mas os outros ainda me veem. O que essas ideologias têm em comum é a ontologia da fragmentação social que deveria ser reconhecida pela sociedade e pelo Estado. Como Michaels observou, "o objetivo de superar o racismo, às vezes identificado com o objetivo de criar uma sociedade 'que não enxerga cores', foi agora reformulado como o objetivo de criar uma sociedade diversa, ou seja, consciente das cores".[14] A similaridade entre os conceitos fica clara quando eles são justapostos à ideologia de "republicanismo": a ideia de que como cidadãos somos anônimos, de que pessoas com traços diferentes e diferentes autoidentificações, quando entram na esfera pública, perdem todas as suas qualidades e precisam ser tratadas igualmente por serem indistinguíveis.[15] Apesar de todas as diferenças, tanto o racismo quanto o multiculturalismo são ideologias que fracionam a sociedade em grupos.

Quando combinada com o relativismo cultural, a ideologia pós-moderna implica uma multiplicidade de verdades. A verdade de uma declaração é autenticada pela identidade de quem fala e todas as identidades são igualmente válidas. Isso cria um mundo que permite diferenças mas impede divergências.[16] Se eu digo: "Como homem branco, acredito que a notícia é...", alguém pode falar que para ele ou para ela a notícia é falsa. Mas você não consegue me convencer, nem eu consigo convencer você: cada um de nós tem a sua própria verdade. Não existe diálogo: um estudo atesta que em 2017 um jantar de Ação de Graças com convidados de distritos eleitorais dominados por diferentes partidos durou trinta a cinquenta minutos menos do que um composto exclusivamente por correligionários (a média foi de 257 minutos).[17] Nossas convicções não têm autoridade sobre os outros porque são condicionadas por nossa identidade. Numa esfera relativista, as notícias alheias são sempre fake news e não há procedimento para determinar sua verdade ou falsidade: é um mundo "pós-verdade".

Numa análise inteligente e incisiva, Lewandowsky, Ecker e Cook relatam alguns resultados de pesquisa:[18]

1. "Correções raras vezes são totalmente eficazes: ou seja, apesar de serem corrigidas, e de reconhecerem a correção, as pessoas continuam a acreditar, pelo menos em parte, em informações que sabem que são falsas [...]. Em algumas situações, quando a correção contesta o ponto de vista das

pessoas, a crença nas informações falsas pode ironicamente se fortalecer".[19]
2. Informações falsas induzem algumas pessoas a concluírem que é impossível saber a verdade, ainda que a mensagem falsa seja improvável.
3. Propagar informações falsas impede as pessoas de reconhecerem outras mensagens como verdadeiras.
4. As pessoas tendem a persistir em crenças que admitem ser falsas se acreditarem que são compartilhadas por outras.

Eles concluem:

> Enfrentamos agora uma situação em que uma grande parcela da população vive num espaço epistêmico que abandonou critérios convencionais de demonstração, consistência interna e busca de fatos [...]. Uma marca registrada clara do mundo pós-moderno é que ele autoriza as pessoas a escolherem sua própria realidade, onde fatos e provas objetivas são superados por crenças e preconceitos.[20]

O que distingue as pessoas não são as informações, mas epistemologias alternativas. Fortes provas apresentadas por Meeuwis et al. mostram que investidores com diferentes modelos da economia alteraram seus portfólios de maneiras específicas em resposta à eleição americana de 2016, de acordo com linhas partidárias.[21]

Além disso, mesmo quando as opiniões individuais continuam aferradas, as atitudes para com aqueles de quem se discorda podem ser menos ou mais hostis. Nos Estados Unidos, 86% dos democratas e 91% dos republicanos têm opiniões desfavoráveis a respeito do outro partido, com 41% dos democratas e 45% dos republicanos vendo o outro como "uma ameaça ao país".[22] Comoventes histórias de discriminação e abuso na vida diária se acumulam, e um volume de dados sistemáticos indica que o nível geral de raiva e hostilidade está subindo. Em 2012, 33% dos democratas e 43% dos republicanos descreveram a si mesmos como furiosos com o candidato a presidente do partido adversário "a maior parte do tempo" ou "quase sempre", enquanto em 2016 a percentagem de eleitores democratas que se disseram furiosos com Trump subiu para 73%, e a percentagem de republicanos com esse nível de hostilidade contra Hillary Clinton aumentou para 66%. Onde encontramos provas mais sistemáticas, embora apenas para os últimos anos, é no que diz respeito a crimes de ódio. Nos Estados Unidos, a incidência desses crimes nas nove maiores áreas metropolitanas aumentou 23,3% de 2015 para 2016, com um total de 13 037.[23] Outra fonte informa que houve um salto depois das eleições, com mais de mil ocorrências informadas pelas vítimas entre 9 de novembro e 12 de dezembro de 2016.[24] No geral, incidentes contra imigrantes (315) continuam a ser os mais denunciados, seguidos por episódios contra negros (221), muçulmanos (112) e a população LGBT (109). Casos contra Trump totalizaram 26. A Grã-Bretanha assistiu a um aumento de mais de 40% em crimes de ódio informados pelas vítimas entre 2015 e 2016. Além de casos com base na raça, a Grã-Bretanha também assistiu a uma elevação de incidências com base na orientação sexual. A Galop, uma organização antiviolência contra LGBTs sediada em Londres, informou que crimes de ódio motivados por orientação sexual cresceram 147% no fim do verão de 2016. Outros países da Europa também experimentaram uma alta no índice desse tipo de crime nos últimos anos.

Entre 2014 e 2015, a Alemanha relatou um aumento de 77%. A Anistia Internacional informou que incidentes de violência com base na raça atingiram seu ponto mais alto na Alemanha desde a Segunda Guerra Mundial. Estatísticas do Ministério do Interior alemão mostram que abrigos para asilados foram atacados 1031 vezes em 2015, um aumento drástico em relação aos 199 ataques em 2014 e aos 69 em 2013. Na Espanha, a Federação Espanhola de Entidades Religiosas Islâmicas noticiou que os ataques anti-islâmicos subiram de 48 em 2014 para 534 em 2015. Além disso, o ministro espanhol do Interior publicou estatísticas para 2015 informando centenas de crimes de ódio com base em deficiência, ideologia e orientação sexual.[25] A França parece ser a exceção, com crimes racistas (antissemitas, antimuçulmanos e anticiganos) tendo atingido o auge em 2015 e depois caído 44,7%, de 2034 para 1125, entre 2015 e 2016.[26]

Esses fatos, apesar de não sistemáticos, mostram que as divisões que arruínam países não são apenas políticas e têm profundas raízes na sociedade. Os dois níveis estão obviamente relacionados, mas é difícil determinar a direção da causalidade, uma vez que a polarização social e a polarização política podem alimentar uma à outra.[27] O que esses fatos nos dizem é que não devemos politizar demais nossa compreensão da situação atual — que não devemos reduzi-la às ações dos políticos. As queixas incessantes sobre o temperamento e a incompetência de Trump não devem obscurecer o fato de que sua eleição e o apoio que ele recebe refletem alguma coisa mais profunda, que se esconde no dia a dia da sociedade.

6. Onde buscar explicações?

Questões de metodologia

Como já vimos, as explicações podem começar na economia, na cultura ou nas estratégias dos partidos tradicionais; talvez em todas, talvez numa combinação delas. No entanto, a maioria das tabelas mostradas nos capítulos anteriores representa médias para grupos de países ao longo do tempo — tendências centrais —, embora os países em particular estejam longe de ser a mesma coisa. Até 2014, não havia partidos da direita radical na Austrália, no Canadá, na Irlanda, em Luxemburgo, na Nova Zelândia, em Portugal ou na Espanha. A proporção de renda do 1% mais rico da população mostra um aumento acentuado a partir dos anos 1970 em países anglo-saxônicos, permanecendo estável na Alemanha, no Japão, na França, na Suécia, na Dinamarca e na Holanda. O percentual de entrevistados em pesquisas afirmando que a imigração deveria ser reduzida vai de 25% na Austrália, passando por 40% nos Estados Unidos, a 69% no Reino Unido (segundo pesquisas Gallup em 2012 e 2014). A Figura 6.1 mostra que mesmo Alemanha e França diferem claramente na relação entre aumento salarial e aumento da produtividade.

Vale ressaltar que os Estados Unidos são um *outlier* em muitos sentidos. Eles são a única democracia economicamente desenvolvida em que um candidato com um programa radical

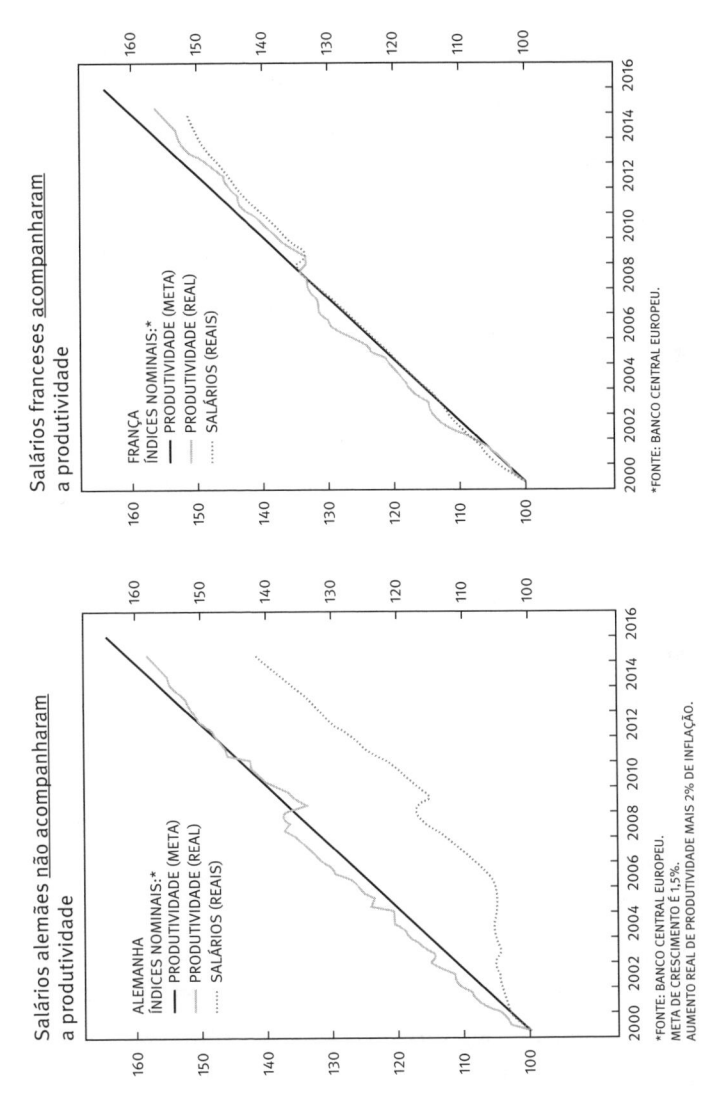

FIGURA 6.1 Salários e produtividade na Alemanha e na França
* Fonte: Banco Central Europeu.

de direita venceu uma eleição. Embora a renda média só tenha caído na maioria dos países depois de 2008, nos Estados Unidos ela ficou estagnada por um tempo maior. Os salários mais altos subiram mais lá do que em outros países. E a polarização política é excepcionalmente forte. Trata-se de um país que sofre um declínio em sua influência internacional, bem como uma deterioração em infraestrutura, educação e saúde. Mais sintomáticos talvez sejam os dados gerados por Case e Deaton relativos à mortalidade de homens brancos de 45-54 anos, que mostram que essas taxas caíram de maneira acentuada na França, na Alemanha, no Reino Unido, na Austrália e na Suécia, enquanto nos Estados Unidos vêm subindo desde o fim dos anos 1990.[1] Por fim, o sistema presidencial americano é o único com eleições indiretas, levantando questões de legitimidade quando um candidato que não obtém a maioria dos votos é declarado vencedor pelas normas constitucionais.

Como provam essas diferenças, o que vimos até agora é apenas a visão geral, o espírito da época. Mas os detalhes são tudo. Como, então, identificar relações de causa e efeito? Causas globais não bastam: a globalização não explica as diferenças entre a Alemanha e a França. Pelo menos alguma interação entre causas globais e fatores nacionais é necessária. Não acredito muito que os métodos tradicionais das ciências sociais nos levem longe. Há muitas tendências comuns, e as séries temporais são relativamente curtas, por isso meu medo é descobrirmos causalidade onde não há causalidade alguma. A rigor, embora estudos em nível agregado tendam a descobrir relações entre variáveis econômicas e apoio à direita radical, dados em nível individual deixam muitas dúvidas.[2] Além disso, quando diferentes Estados evoluem conjuntamente ao longo do tempo, é difícil determinar a direção da causalidade.³ Por último, as observações entre países não são independentes: há difusão e dissuasão, com debates sobre se a vitória de Trump fez crescer o apoio ao Front National ou se desencorajou eleitores holandeses de votarem em Geert Wilders em 2017.

Como devemos proceder não está claro, mas é instrutivo fazermos um exame em nível micro.

Votar na direita radical e apoiá-la

A tentação óbvia é racionalizar essas atitudes em termos econômicos, como a disputa por emprego, a proteção de salários contra a competição e assim por diante. Estaria o apoio à direita radical relacionado a condições econômicas individuais ou coletivas, tais como renda, dificuldades econômicas, desemprego, medo de perder o emprego e coisas do gênero? Um jeito mais forte de dizer é questionar se essas atitudes são economicamente racionais, ou seja, se as políticas oferecidas pela direita radical são benéficas para os que a apoiam. Não se pode supor, entretanto, que as pessoas percebam com precisão as condições econômicas ou entendam as consequências de determinadas políticas. Até mesmo a percepção da nossa própria situação econômica é contaminada por lealdades partidárias ou outras inclinações. Um exemplo notável é que, depois da eleição de Donald Trump, eleitores democratas reconsideraram para baixo a percepção da própria situação econômica nos últimos cinco anos, enquanto os republicanos reconsideraram a sua para cima.[4] A percepção das condições econômicas gerais é ainda mais vulnerável a essas inclinações.[5] Logo, é uma questão diferente saber se as pessoas fundamentam suas atitudes políticas em termos econômicos ou se essas atitudes são racionais, baseadas em convicções exatas sobre o mundo.

O maior suporte aos efeitos do atual desemprego nos Estados Unidos é oferecido por Autor et al., que descobriram um robusto efeito positivo da crescente concorrência nas importações na proporção de ganho de votos republicanos e atribuíram a vitória de Trump diretamente às importações da China.[6] Por sua vez, num gigantesco estudo de regiões dentro de quinze países da Europa Ocidental entre 1988 e 2017, Colantone e Staning informam que:

> No nível distrital, um choque de importação mais forte leva a: 1) um aumento no apoio a partidos nacionalistas; 2) um deslocamento geral para a direita no eleitorado; e 3) um aumento no apoio a partidos da direita radical. Esses resultados são confirmados pela análise de escolhas eleitorais em nível individual. Além disso, encontramos provas de que os eleitores respondem ao choque de maneira sociotrópica.[7]

Apesar disso, o efeito do desemprego na votação na direita radical é pequeno: a diferença entre regiões no 75º percentil de perda de emprego e aquelas no 25º percentil é de 0,7 ponto da proporção de votos. Em outro estudo de vários países, Guiso et al. descobriram que dificuldades econômicas deixam as pessoas menos propensas a votar, mas, quando o fazem, elas tendem a escolher partidos populistas, enquanto a experiência de ter perdido um emprego nos últimos cinco anos reduz a probabilidade de votar, sem exercer efeito na direção desse voto.[8] Margalit e Ayta, Bau e Stokes, contudo, descobriram que os efeitos políticos do desemprego estão condicionados à situação econômica geral e diminuem com o tempo.⁹ O estudo mais minucioso da eleição de 2016 nos Estados Unidos que encontrei conclui que

> os resultados mostram indícios mistos de que a aflição econômica motivou o apoio a Trump. Seus eleitores são menos instruídos e com maior probabilidade de ocupar empregos na indústria, mas têm renda familiar relativamente alta e não estão menos propensos ao desemprego ou expostos à concorrência no comércio ou da imigração. Por outro lado, viver em comunidades racialmente isoladas, com índices piores de saúde, menor mobilidade social, menos capital social, maior dependência de benefícios de previdência e menor dependência de ganhos de capital, prediz níveis mais altos de apoio a Trump.¹⁰

Há provas também de que o medo, mais do que a experiência real, motiva atitudes de direita radical. Minkenberg encontrou seguidores da direita no "penúltimo quinto da sociedade pós-moderna, camada que está bastante segura, mas ainda pode perder alguma coisa".¹¹ Kates e Tucker concluem que "só o pessimismo sobre o próprio futuro financeiro está positivamente relacionado à identificação ideológica com a extrema direita".¹² Fossati descobriu que indivíduos em funções com índice de desemprego mais alto têm maior probabilidade de votar com base em fatores econômicos.¹³

Particularmente intrigantes são os resultados de Andrews, Jilke e Van de Walle, que usaram uma pesquisa realizada em toda a Europa em 2010 para avaliar percepções de tensão social em quatro dimensões: pobres e ricos, gerentes e operários, velhos e jovens e diferentes grupos raciais e étnicos.¹⁴

O que acho mais impressionante é que pessoas com dificuldades financeiras têm maior probabilidade de perceber uma tensão mais alta nas quatro dimensões. Seria de esperar que algumas culpassem os ricos, outras a administração, outras ainda a renda desproporcional dos mais velhos, e algumas os imigrantes. Mas aqueles que percebem tensão alta numa dimensão também a percebem em todas as outras. Nem classe nem ideologia racista têm influência clara na maneira como as pessoas analisam sua situação. Elas culpam todo mundo porque não sabem a quem culpar.

Diante disso, o contexto é importante. Ivarsflaten mostra que partidos da direita radical só têm êxito quando apelam para questões de imigração, independente de mudanças econômicas ou de corrupção política.[15] Suas conclusões, porém, são frágeis, pois ela não investiga por que alguns partidos antiestablishment exploram essa questão enquanto outros não o fazem. Dancygier, por sua vez, afirma que o apoio à direita radical é maior quando condições econômicas ruins se combinam com imigração alta e quando os imigrantes têm força eleitoral, de modo que os governantes se sentem incentivados a estender benefícios materiais a eles.[16]

Mas nem todos estão de acordo quanto à relevância de fatores econômicos. Inglehart e Norris descobriram apoio a partidos populistas entre pessoas que relatam dificuldades financeiras e sofreram a experiência do desemprego, mas concluem — não fica muito claro com base em quê — que a "reação cultural" é uma explicação mais convincente.[17] Hainmueller e Hopkins põem em dúvida a relevância de fatores econômicos em atitudes anti-imigração.[18] "No geral", dizem, "hipóteses baseadas em egoísmo não tiveram expressão, significando que há poucas provas de que cidadãos formam suas opiniões sobre imigração com base, primariamente, nos efeitos dela sobre sua situação econômica." Em vez disso, afirmam, essas atitudes são motivadas por "preocupações sociotrópicas com seus impactos culturais". Não faço ideia do que isso pode significar além de racismo. Na realidade, Lee e Roemer calcularam que o racismo, em especial quando se manifesta contra serviços previdenciários — porque incluiriam pessoas de cor de pele diferente —, é economicamente oneroso para os brancos pobres dos Estados Unidos.[19]

Apesar de serem muitas as provas de que os nativos reagem negativamente a pessoas diferentes deles, as origens desse tipo de comportamento continuam obscuras. Se elas não refletem condições econômicas, de onde vêm? O que leva as pessoas a adotarem posturas xenofóbicas, tantas vezes descaradamente racistas? O que as predispõe a cometer atos hostis contra aqueles que têm aparência diferente, falam uma língua diferente ou comem comidas diferentes? As explicações psicológicas defendidas por Hainmueller e Hopkins apenas rotulam o que observamos numa linguagem "científica", sem trazer esclarecimento.[20]

Por sua vez, há provas de que atitudes mudam em função de outras transformações. McCarty, Poole e Rosenthal apresentam uma forte relação entre desigualdade de renda e polarização na Câmara de Deputados dos Estados Unidos a partir de 1947.[21] Outra prova é que a percepção da imigração como uma questão política importante é consequência do aumento da taxa de imigração líquida no Reino Unido.[22] Apesar disso, uma explicação contrária é que a xenofobia, o racismo, o nativismo, a intolerância e outros preconceitos sempre estiveram presentes — imigrantes alemães nos Estados Unidos eram "Krauts", italianos "Dagos", japoneses "Japs", poloneses "Polacks", e esses preconceitos só foram contidos temporariamente pela hipocrisia, que de repente perdeu sua "força civilizatória"[23] porque alguns políticos os trouxeram à tona. Comprovação surpreendente disso é uma pesquisa realizada nos Estados Unidos em 1939: os entrevistados foram perguntados se o país deveria receber 10 mil crianças alemãs, na maioria judias, com 61% respondendo "não". Alguns alemães e japoneses continuaram nacionalistas mesmo depois das atrocidades cometidas por seus países durante a guerra, e a linguagem do "patriotismo", agora invocada por partidos de direita, apenas autorizou a entrada desse tipo de atitude na esfera pública. Talvez Trump tenha apenas libertado da censura do politicamente correto todos os preconceitos que sempre existiram.

Nada disso é novidade. Sugiro um exame magistral dessa literatura feito por Golder, que defende a combinação de condições circunstanciais e características individuais.[24] Mas talvez seja mais fácil falar do que fazer. Pelo que sabemos até agora, parece que os reais perdedores da globalização tendem a votar na direita e que a perspectiva de desemprego amedronta potenciais perdedores. Mas, apesar de significativos em termos estatísticos, esses efeitos explicam apenas uma pequena parte da atitude da direita radical. As origens desse comportamento continuam nebulosas.

Esta é uma conclusão fraca e talvez desaponte muitos leitores. Mas não se deve acreditar no dilúvio de relatos que dão todas as respostas. Lendo ensaios de economistas, vemos que atitudes políticas são explicadas por situações econômicas; nos artigos de psicólogos, o segredo estará em determinados traços psicológicos. Nenhuma dessas explicações me convence: análises de regressão de atitudes políticas em condições econômicas sempre descobrem condições que são estatisticamente significativas, mas explicam muito pouco; psicólogos tendem a dar um novo nome àquilo que tentam explicar e afirmam que essa nova característica é a causa. Nossa deformação intelectual consiste em sempre descobrir algum sentido em situações complexas, supor que fenômenos que nos surpreendem têm que estar relacionados de alguma forma, que tudo precisa ter uma causa. Relacionei diferentes fatores e resumi brevemente cada uma das transformações recentes — econômicas, culturais e políticas — que podem ter engendrado a atual situação política, o que não passa de uma listagem, e a conclusão é fraca porque diz que não podemos saber se eles estão relacionados e quais são os que mais importam. Mas na minha opinião isso é o melhor que podemos fazer levando em conta o que sabemos agora.

7. O que pode ser inédito?

ANTES DE COMEÇARMOS a pensar no futuro, é bom colocar a situação atual no contexto do que aprendemos sobre o passado. Na medida em que alguns aspectos da situação atual repetem circunstâncias que já aconteceram, podemos aproveitar as lições sugeridas pelas comparações entre as democracias consolidadas que entraram em colapso e as que sobreviveram. Mas a história não ilumina o futuro se as condições atuais forem inéditas, não havendo portanto de onde tirar lições. É por isso que precisamos situar o presente no contexto do passado.

Uma simples análise estatística indica que, mesmo ignorando o fato de que a democracia nos Estados Unidos tem duzentos anos, se considerarmos a renda atual norte-americana a probabilidade de que o governo em exercício não realize uma eleição, ou realize um pleito que torne a vitória da oposição impossível, é de um em 1,8 milhão de países-anos.* Se acreditarmos no que a história nos diz, o colapso total da democracia num país com a renda per capita dos Estados Unidos hoje está fora da esfera do imaginável. Apesar das referências frequentes a esses acontecimentos trágicos, olhar para o advento do fascismo na Europa nos anos 1920 e nos 1930 não é instrutivo pela simples razão de que os países onde o fascismo chegou ao poder eram misera-

---

* País(es)-ano(s) compreende a relação entre um determinado país e um ano em particular. Por exemplo, o Brasil em 1980 é um país-ano. (N. R. T.)

velmente pobres em comparação com agora. A renda per capita (em dólares Geary-Khamis de 1996 com paridade do poder de compra)[1] da Itália em 1922 era de US$ 2361, enquanto em 2008 era de US$ 19 909; a da Alemanha era de US$ 3362 em 1932 e de US$ 20 801 em 2008; a da Áustria, de US$ 2940 em 1932 e de US$ 24 131 em 2008. A verdade é que era um mundo bem diferente.

Era também um mundo diferente no tocante à ideologia. Os partidos extremistas do período entreguerras eram antidemocráticos: tanto comunistas como fascistas buscavam abertamente substituir um sistema baseado na representação individual mediante eleições.[2] Os comunistas escarneciam da democracia como uma máscara da "ditadura da burguesia"[3] e lutavam para substituí-la por uma "ditadura do proletariado" comandada por um partido único. Os fascistas diziam que ela promovia conflitos artificiais entre as classes e estavam empenhados em substituí-la por um sistema baseado em acordos negociados entre corporações organizadas segundo bases funcionais.[4] Ambos ofereciam uma promessa de substituir a "política" pela "administração racional". Ambos tinham amplo apelo, não só na Europa mas no mundo inteiro, da Argentina à Mongólia. Apesar disso, as duas ideologias estão hoje mortas e sepultadas. Os partidos "antissistema" de hoje não são antidemocráticos. Embora o rótulo "fascista" seja levianamente brandido para estigmatizar essas forças políticas, elas não defendem a substituição de eleições por qualquer outra forma de escolher governantes. Esses partidos são repulsivos — a maioria das pessoas acha o racismo e a xenofobia repulsivos —, mas seu slogan é devolver "ao povo" o poder usurpado pelas elites, o que para eles significa fortalecer a democracia. Nas palavras de uma propaganda de Trump, "o objetivo do nosso movimento é substituir um establishment fracassado e corrupto por um novo governo controlado por você, povo americano".[5] Marine Le Pen prometia convocar um referendo sobre a Europa no qual "você, o povo, decidirá". Além disso, não há nada de antidemocrático no fato de as pessoas desejarem um governo "forte" ou "competente e eficaz" — respostas que aparecem em pesquisas com mais frequência nos últimos anos e que alguns comentaristas interpretam como um sintoma de declínio do apoio à democracia. Schumpeter certamente queria que os governos fossem capazes de governar, e governar com competência,[6] e não entendo por que outros democratas não haveriam de querer o mesmo.

Apesar disso, estamos nervosos. Suspeitamos que algumas dessas condições são inéditas, que projeções da história podem ser um guia pouco confiável para as perspectivas atuais. Mas serão elas inéditas de fato?

TABELA 7.1 Condições econômicas em democracias que ruíram ou não antes de 2008 e médias pós-2008 de democracias que sobreviveram

	Sobreviveram	Ruíram	Agora	
	Média	Média	N	Média
PIB cap[a]	18 012	5 770	406	23 825
Crescimento[a]	0,031	0,011	406	0,020
Fator trabalho[b]	0,61	0,50	352	0,54
Gini bruto[c]	42,6	44,6	152	42,5
Gini líquido[c]	33.8	44,6	152	33,5

Nota: As colunas "Ruíram/Sobreviveram" cobrem o período até 2008, enquanto a coluna "Agora" cobre o período 2008-14. Os valores de entrada são médios.

Fonte: (a) Em PWT 9.0, dólares com paridade do poder de compra. (b) De PWT 9.0. (c) Coeficientes de Gini de rendas brutas e líquidas, de SWIID (2014).

A Tabela 7.1 compara as condições econômicas de países onde a democracia ruiu ou sobreviveu antes de 2008 com as condições pós-2008 (e pré-2015) das democracias atuais. A renda média agora é mais alta até mesmo do que nas democracias que sobreviveram no passado. A desigualdade média da renda individual reproduz a das democracias que sobreviveram. Mas o fator trabalho na indústria, bem como o aumento da renda média, é mais baixo.

Esses números, no entanto, não contam toda a história. Vejamos, para começar, a estagnação de rendas de certa percentagem — entre trinta e cinquenta — de pessoas com as rendas mais baixas. Isso aconteceu por quase quarenta anos nos Estados Unidos, mas só mais recentemente na maioria dos países europeus. Nos Estados Unidos, as rendas dos mais pobres estagnaram devido à crescente desigualdade; na Europa continental, a estagnação depois de 2008 deveu-se principalmente ao crescimento mais lento. Essa estagnação é inédita se levarmos em conta o período sobre o qual dispomos de dados relativos à distribuição de renda (a partir de 1950), mas talvez até mesmo se incluirmos o entreguerras. A taxa média de crescimento dos países da OCDE-2000 entre 1978 e 2014 foi de 2,1%, ao passo que, no entreguerras, foi de 2,3%. Mas a desigualdade aumentou bastante durante o período recente, ao passo que, pelas informações fragmentárias de que dispomos, parece ter diminuído de maneira significativa no anterior.*

---

* Nos cinco países para os quais é possível calcular coeficientes de Gini de rendas brutas no entreguerras, eles diminuíram na França, de 45 em 1919 para 40 em 1939; na Alemanha, de 38 em 1926 para 35 em 1932; na Holanda, de 49 em 1919 para 38 em 1939; na Suécia, de 48 em 1919 para 36 em 1939; e nos Estados Unidos, de 44 em 1919 para 38 em 1939. Esses cálculos são baseados na transformação dos coeficientes de Pareto fornecidos por Atkinson, Piketty e Saez (2011) em coeficientes de Gini.

Logo, há razões para acreditarmos que as rendas mais baixas aumentaram mais devagar depois de 1978 do que durante o entreguerras, o que significa que a atual estagnação de renda de uma percentagem da população mais pobre é inédita, pelo menos nos últimos cem anos.

Particularmente notáveis são o declínio dos sindicatos, o surgimento de uma lacuna entre os índices de aumento na produtividade e os salários (que permaneceram quase achatados) e a queda do fator trabalho na produção industrial. O poder dos sindicatos de controlar o fluxo de mão de obra para as empresas, conquistado em muitos países nos anos 1930 e institucionalizado depois da Segunda Guerra Mundial, vem se desgastando desde a virada neoliberal do começo dos anos 1980 e enfraquecendo o poder político de seus aliados eleitorais, os partidos de esquerda. Essa alteração no equilíbrio entre capital e trabalho, somada ao relaxamento do controle sobre fluxos de capital e à desregulamentação financeira, resultou na estagnação dos salários das camadas mais baixas, potencializada pela crise de 2008.

Não é de surpreender, portanto, que a crença na igualdade entre as gerações esteja sofrendo um desgaste. É possível que os 60% dos entrevistados nos Estados Unidos e os 64% na Europa que acreditam que seus filhos estarão em pior situação financeira do que eles estejam sendo desnecessariamente pessimistas e que continuem reagindo ao choque de 2008, ainda que as provas reunidas por Chetty et al. com relação aos Estados Unidos mostrem que essas convicções não estão muito longe da realidade.[7] Não dispomos de evidências quantitativas sobre as impressões de gerações anteriores, mas há bons motivos para acreditarmos que a crença no progresso material se consolidou na civilização ocidental desde a Revolução Industrial. A renda média entre países da OCDE-2000 aumentou 22 vezes entre 1820 e 2008. Apesar das guerras e das crises econômicas, não houve nenhum período de trinta anos, nos últimos duzentos, em que a renda média tivesse caído. O fato de as pessoas estarem pessimistas sobre o futuro de seus filhos pode ser uma mudança em escala civilizacional.

É impossível dizer se a polarização atual, acompanhada da hostilidade contra pessoas que têm opiniões diferentes, é novidade. Ela sem dúvida é novidade no período recente, mas, como vimos nas crises passadas, em diferentes países, incluindo os Estados Unidos, houve momentos em que a sociedade esteve profundamente dividida. Tudo que sabemos é que rupturas dessa intensidade são duradouras e difíceis de superar. Deixam cicatrizes, muitas vezes cobertas por uma camada de silêncio, como a experiência da guerra civil na Espanha ou as divisões sobre o período Allende no Chile, e tendem a ressurgir.

Por fim, como confirmado na Tabela 7.2, talvez a mais dramática das mudanças recentes seja o desgaste dos sistemas partidários tradicionais. Os sistemas partidários que se cristalizaram na Europa Ocidental nos anos 1920, com raras ressalvas, continuaram a constituir as principais alternativas políticas até o fim do século XX. Excetuando-se o período seguinte à Segunda Guerra Mundial, os eleitores podiam escolher entre a centro-esquerda e a centro-direita. Os partidos que representavam essas opções, por vezes mudando o rótulo, se dividindo e se fundindo, continuavam sendo os dois mais votados. Novos partidos apareciam de vez em quando, mas raramente tinham êxito, e muitos duravam pouco. Dos dois mais votados por volta de 1924, 90% ainda eram os dois primeiros até o fim dos anos 1990, mas apenas cerca de 75% continuam nessa posição. Os partidos efetivos, que eram três em 1960, agora são quase quatro. Além disso, esse desgaste é acompanhado por taxas decrescentes de participação eleitoral, com o percentual de votos de partidos da direita radical aumentando à medida que cai o comparecimento às urnas. Pode ser que isso se deva à perda do poder de convocação dos partidos tradicionais, ou a uma mudança nas preferências dos eleitores para mais longe do centro, como nos Estados Unidos. Mas o declínio dos partidos tradicionais não é necessariamente reflexo de um desgaste do centro político. Pode, por exemplo, ser sinal de sua fraqueza organizacional, bem como de um descontentamento geral com a classe política. Tudo que podemos ver é que os partidos tradicionais agora chegam em terceiro, quarto ou até quinto lugar em alguns países, enquanto nos Estados Unidos um partido outrora dominado por "republicanos de Rockefeller" foi capturado pela direita radical. O que há de novo nisso é que os dois tipos de organização que costumavam representar a classe trabalhadora — os partidos social-democratas e os sindicatos — perderam essa capacidade. Tanto o percentual de votos social-democratas como a densidade sindical são claramente mais baixos no período mais recente. O que também mudou, ou pelo menos está mudando, é a base social de apoio a movimentos de direita.[8] Tradicionalmente, esses movimentos eram apoiados pela *petite bourgeoisie* — trabalhadores autônomos, pequenos lojistas, artesãos e agricultores —, ao passo que agora eles buscam combinar essa base tradicional com apelos à classe trabalhadora. À medida que os partidos democráticos vão se aburguesando, os partidos de direita se proletarizam.

TABELA 7.2 Algumas características políticas de países que eram membros da OCDE em 2000, antes e depois de 2008

	1960-2007	1960-2007	2009-14	2009-14
	N	Média	N	Média
Comparecimento	1065	78,8	138	72,1
Partidos efetivos no eleitorado	1065	4,05	137	4,68
Partidos efetivos no Legislativo	1065	3,48	137	3,86
Proporção dos votos social-democratas	1065	26,9	138	21,2
Densidade sindical	995	42,1	98	33,0

Fonte: Armingeon et al. (2016).

A diferença final mas importante entre o passado e o presente, uma diferença animadora, é que os militares praticamente desapareceram da cena política. As Forças Armadas desempenharam um papel decisivo no colapso de nove das catorze democracias relacionadas na Tabela 1.1. Se este livro fosse escrito quarenta anos atrás, a postura política dos militares teria sido sua preocupação central. Contudo, eles já não são atores políticos, nem mesmo na América Latina, tendo quase desaparecido das páginas da ciência política.*

Cabem aqui algumas advertências para evitar conclusões infundadas. O mais importante é que as lições do passado não devem ser tratadas como fortuitas. O fator endógeno é um problema óbvio. Para citar um exemplo: as democracias ruíram

---

* Conforme abordado tangencialmente no prefácio a esta edição, vale ressaltar que a situação atual do Brasil merece atenção a esse respeito.

porque as economias estavam estagnadas ou as economias estagnaram porque as democracias estavam prestes a entrar em colapso? Em segundo lugar, as tendências gerais escondem nítidas diferenças entre determinados países. Sejam quais forem os fatores globais que afetam as democracias, digamos uma depressão econômica mundial, seus efeitos se manifestam de maneira diferente, dependendo das condições específicas de cada país. Em terceiro lugar, diferença e semelhança são questões de grau, e não sabemos até que ponto uma diferença em particular tem importância. Por fim, a lista das condições que vimos está longe de ser completa, e pode ser que omita algumas condições críticas, estejam elas sozinhas ou combinadas. Por esses motivos, como já foi dito, não quero convencer o leitor de coisa alguma, apenas lhe dar motivos para refletir. Tirar lições da história é uma arte, não uma ciência. Sobre o significado disso tudo — quais são as perspectivas para a sobrevivência da democracia nestas condições — podemos apenas conjecturar.

PARTE III

O futuro?

ANTES DE COMEÇARMOS a fazer perguntas sobre futuros possíveis, precisamos entender como a democracia funciona quando funciona bem, e como entra em colapso e se deteriora. A democracia funciona quando a estrutura de instituições políticas absorve e regula os conflitos surgidos na sociedade. As eleições — o processo pelo qual uma coletividade decide quem deve governá-la e como — são o mecanismo central para lidar com os conflitos nas democracias. Mas isso só funciona bem se os riscos não forem muito grandes, se perder uma disputa não for um desastre e se as forças políticas derrotadas tiverem uma chance razoável de vencer no futuro. Quando partidos profundamente ideológicos chegam ao poder tentando remover obstáculos institucionais para solidificar sua vantagem e ampliar suas prerrogativas para formular políticas, a democracia se deteriora ou retrocede. Essa perspectiva é grave porque o processo não precisa envolver violações de constitucionalidade; por sua vez, quando o retrocesso segue um caminho constitucional e o governo tem o cuidado de preservar todas as aparências de legalidade, os cidadãos não dispõem de meios para coordenar sua resistência. Assim, é razoável perguntarmos, com preocupação, se isso poderia acontecer nos Estados Unidos ou nas democracias maduras da Europa Ocidental.

8. Como a democracia funciona

Conflitos e instituições

O ponto de partida é o fato de que a todo momento, em todas as sociedades, as pessoas — indivíduos, grupos ou organizações — entram em conflito por algum motivo. Quase sempre esse motivo envolve bens escassos, como renda, propriedade, vagas em universidades, órgãos para transplante ou acesso a serviços públicos. Muitos antagonismos, porém, nada têm a ver com distribuição de recursos: surgem porque há pessoas com opiniões fortes, quase sempre de motivação religiosa, sobre como as outras devem agir. Outros são motivados simplesmente por desejo de poder, ambição ou vaidade. Questões simbólicas também despertam paixões: em Weimar, uma coalizão governista se desfez por causa de uma briga sobre as cores da bandeira alemã.

Nem todos os antagonismos se tornam políticos. Alguns de nós são divididos por torcer para times diferentes, mas sem politizar essas divisões. Uma mulher quer usar burca na praia, outra não quer vestir absolutamente nada, mas essas discordâncias podem ficar no nível do particular. Ainda que alguns tenham opiniões sobre o que os outros devem ou não fazer, essas opiniões continuam sendo de cada um. Os antagonismos se tornam conflitos políticos quando envolvem pontos de vista sobre medidas que os governos devem seguir e leis que devem adotar. Mais importante ainda, quando dizem respeito ao que os governos devem nos obrigar a fazer ou deixar de fazer,* ou quando alguns grupos tentam impor sua vontade pela força, digamos, bloqueando fisicamente o acesso a clínicas de aborto ou ocupando a propriedade alheia.

Os conflitos podem ser fáceis ou difíceis de resolver por meios pacíficos. Diferem em vários aspectos:

1. Até que ponto as pessoas estão divididas sobre o que mais desejam que aconteça em relação a um determinado assunto? As respostas para essa pergunta descrevem distribuições de "pontos ideais": as políticas ou as leis que as pessoas consideram melhores. Uma maneira de caracterizar essas distribuições é questionarmos se existe algum resultado que seja desejado por um número maior de pessoas do que qualquer outro, e se a proporção dos que gostam de todos os demais resultados diminui à medida que aumenta a distância da opção preferida pela maioria. Distribuições que satisfazem as duas condições são unimodais. Por exemplo, a atual distribuição de posturas em relação ao aborto nos Estados Unidos é unimodal, com mais gente optando que ele seja legal na maioria dos casos do que em todos os casos, e mais pessoas optando que ele seja legal na maioria dos casos do que ilegal na maioria ou em todos os casos.[1] Apesar disso, pode ser que as preferências de pico se concentrem em resultados diferentes. Anos atrás na França, por exemplo, um grande segmento da população se opunha ao

---

* A regulação do que as mulheres podem ou não vestir na praia tem sido tema de conflitos políticos na França. Um dos mais antigos questiona se as mulheres devem ou não ter permissão para ficar nuas em praias públicas; o mais novo é sobre se elas devem ter permissão para se cobrir da cabeça aos pés.

casamento entre pessoas do mesmo sexo, um número menor de pessoas queria permitir esse tipo de casamento mas sem o direito de adotar filhos e outro grande segmento o apoiava sem restrições à adoção. Essa distribuição era bimodal, como é bimodal a distribuição de posturas na dimensão liberal-conservadora nos Estados Unidos hoje, mostrada na Figura 5.10. Curiosamente, Medina mostra que a posição dos eleitores na dimensão esquerda-direita em vinte países europeus tende a ser trimodal (como Downs previu),[2] com uma grande moda no centro e modas menores à esquerda e à direita.[3]

2. Até que ponto a população se importa quando os resultados se desviam de suas preferências ideais? Naturalmente, as pessoas têm uma rejeição maior aos resultados mais distantes do desejado. Mas a intensidade dessas perdas varia dependendo dos assuntos, bem como dos indivíduos. Digamos que alguém deseje que a taxa marginal de imposto mais alta seja de 40% e a taxa real seja de 30% ou 50%. Essa pessoa vai achar essas taxas baixas ou altas, mas sua insatisfação provavelmente não será muito grande. No entanto, para pessoas que acham que o aborto não deve ser permitido em hipótese alguma, até a legalização da pílula do dia seguinte é abjeta: sua utilidade despenca quando a lei é essa. Assim, mesmo na distribuição de pontos ideais unimodal os conflitos podem ser intensos se as pessoas sofrem uma perda de utilidade quando os resultados se desviam, ainda que minimamente, de suas preferências de pico.

3. Até que ponto posições sobre diferentes assuntos estão estreitamente relacionadas? As pessoas que pedem leis mais restritivas para o aborto são as mesmas que são contra a imigra-

ção? As que se opõem à imigração são as mesmas que querem mais redistribuição de renda? Se as respostas a essas perguntas forem positivas, as divisões se sobrepõem; se são negativas, as divisões são transversais. Por exemplo, as posturas negativas com relação à imigração correspondem à homofobia e ao sexismo nos países da OCDE. As divisões tendem a se sobrepor quando as preferências estão associadas a outras características, digamos religião, renda ou nível de escolaridade. De acordo com a pesquisa Pew já citada, por exemplo, apenas 25% dos evangélicos brancos aceitam que o aborto seja legal em algumas circunstâncias, ao passo que mais de 50% dos católicos, cerca de 70% dos protestantes tradicionais e 75% das pessoas sem filiação religiosa o aceitam. Como esses grupos diferem em outras questões morais, as divisões se sobrepõem. Outras divisões, por sua vez, podem ser transversais: Lipset afirmou que as opiniões entre democracia e autoritarismo dividem a classe trabalhadora,[4] e já examinamos a divisão entre SPD e KPD na República de Weimar.

É razoável esperar que conflitos sejam mais difíceis de resolver de forma pacífica quando as preferências de pico diferem mais, quando a perda de utilidade associada aos desvios dessas preferências ideais é mais intensa e quando as divisões se sobrepõem, separando claramente grupos que de outra forma se identificariam.[5] Isso não quer dizer que os governos sejam passivos quando enfrentam conflitos difíceis de administrar. Uma estratégia natural é tentar convencer as pessoas de que o que as divide, seja lá o que for, é menos importante do que aquilo que as une. União — como em "unidos estamos", harmonia e cooperação — é uma proposta incessantemente propagada por apelos ao nacionalismo, a evocação de raízes comuns mesmo em casos de origens diversas, as comemorações de feriados nacionais, os hinos e bandeiras, as expressões de orgulho pelo Exército ou pelo desempenho nas Olimpíadas — a lista é longa. Mesmo eleições muito polarizadas são sempre seguidas de um discurso de "união". Pelo que me consta, Donald Trump foi o primeiro presidente dos Estados Unidos que não convocou o povo à união em seu discurso de posse. A declaração de Salvador Allende, *"No soy presidente de todos los chilenos"* (Não sou presidente de todos os chilenos), foi uma mancada colossal.

É difícil saber se essas exortações têm muito efeito, mas o fato é que os conflitos geralmente persistem apesar delas. Apenas para fins heurísticos, imaginemos que as preferências possam ser situadas numa linha única (utilidade), com um volume de pessoas em pontos marcados como A e B:

-- A ----- x ----- B --

O ponto x é uma solução potencial para o conflito. Digamos que o ponto A representa a preferência por um acesso à cidadania aberto para todos os imigrantes, estejam em situação legal ou não; o ponto B é a preferência pela deportação de todos os imigrantes, sem levar em conta sua situação familiar; e o ponto x é a preferência por uma solução intermediária, como a legalização de pais cujos filhos tenham nascido no país. Se A e B estiverem suficientemente distantes um do outro na escala de utilidade, o conflito talvez seja insolúvel. Digamos que o ponto x seja inaceitável para pessoas localizadas em B e longe demais de A para que x seja aceitável para pessoas em A. Então o conflito não terá uma boa solução para nenhum dos grupos. Pensemos na situação do Chile: a incapacidade de nacionalizar algumas grandes empresas de uma só vez era inaceitável para a coalizão governante, e só a nacionalização caso a caso era satisfatória para a oposição. O conflito chileno não teve uma solução pacífica.

O mesmo se aplica a mais de uma dimensão. Lembremo-nos de que um grande partido alemão, o SPD, era socialista na dimensão econômica e democrático na política, ao passo que outro partido, o DNVP, era capitalista e autoritário. Como qualquer coalizão majoritária teria que incluir os dois, o conjunto de concessões a serem apoiadas por uma maioria no parlamento ficou vazio.

Como, então, administrar esses conflitos em paz e em ordem, sem cercear a liberdade política, recorrendo a procedimentos e regras que indiquem de quem são os interesses, os valores e as ambições que devem prevalecer num determinado momento?

As instituições políticas administram conflitos ordeiramente 1) estruturando conflitos, 2) absorvendo conflitos e 3) regulando conflitos de acordo com regras. Uma ordem institucional prevalece se apenas as forças políticas que constituíram acesso ao sistema representativo institucionalmente se envolverem em atividades políticas, e se essas organizações receberem incentivos para buscar seus interesses através das instituições, bem como para tolerar resultados desfavoráveis. Os conflitos são pacíficos quando todas as forças políticas podem ter esperança de conseguir alguma coisa no presente ou pelo menos num futuro não muito distante, se processarem seus interesses dentro desse quadro e, ao mesmo tempo, perceberem que há pouca coisa a ganhar com ações fora da esfera institucional.

Pensar em termos estratégicos pressupõe que as organizações tenham meios de disciplinar as ações dos seus seguidores. Como Maurice Thorez comentou em 1936: "É preciso saber terminar uma greve". Organização, observou Pizzorno, é a capacidade de atuar com estratégia.[6] As organizações só conseguem agir assim se puderem ativar e desativar seus seguidores segundo considerações estratégicas. Sem essa capacidade, os conflitos políticos podem assumir a forma de rompantes desorganizados, "espontâneos".

1. Instituições políticas estruturam conflitos. As instituições definem as ações que determinados atores podem adotar, oferecem incentivos associados a cada curso de ação e restrições a possíveis resultados. Em consequência disso, estruturam as ações individuais em razão de seus interesses ou valores e moldam os resultados coletivos, proporcionando equilíbrios. Naturalmente, ninguém compete para assumir o cargo de presidente em sistemas que não têm esse cargo: as monarquias parlamentares. Apenas um pouco menos óbvio é que a disputa pelo cargo de presidente seja mais acirrada em sistemas nos quais o presidente é o chefe do Executivo do que naqueles em que é apenas o chefe de Estado cerimonial. Um exemplo mais complicado é o efeito de sistemas eleitorais na disputa eleitoral. Com um sistema em que é eleito apenas um representante por distrito (*single-district/single-member* — SMD) e dois partidos, ambos os partidos têm incentivos para se deslocar para o centro das preferências dos eleitores; com um alto grau de proporcionalidade, os partidos querem maximizar seu nicho, o que pode levar alguns deles a manter posturas extremas. Esses exemplos são infindáveis.

Todo sistema político influencia o modo como as forças sociais se organizam como atores políticos, regula as ações que esses atores podem empreender e restringe os resultados que estão sujeitos à competição institucional. Por exemplo, regras segundo as quais os votos são transformados em cadeiras legislativas — sistemas eleitorais — influenciam o número de partidos que participam da competição eleitoral e os interesses que eles representam: trabalhistas, regionais, religiosos, étnicos etc. Normas relativas à sindicalização afetam o número de associações sindicais, sua organização setorial e seu grau de centralização. Regras relativas a ações judiciais coletivas determinam se apenas indivíduos ou grupos que compartilham a mesma queixa podem recorrer aos tribunais. Outros princípios definem as ações que podem ser movidas dentro do quadro institucional. A maioria dos países, por exemplo, tem leis definindo quais greves são legais e quais não são. Por fim, cortes constitucionais ou órgãos equivalentes podem invalidar resultados que sejam incompatíveis com princípios básicos que estão acima da competição pluralista, princípios que costumam, mas não precisam, ser consagrados em Constituições.

Partidos políticos influenciam a opinião pública, disputam eleições e ocupam cargos executivos e legislativos. Em algum momento, se tornaram a principal forma de organizar interesses. Costumavam ser mecanismos para expressar e agregar pontos em comum, associações verticais que integravam indivíduos em instituições representativas. Por razões que permanecem obscuras, porém, ao longo do tempo eles se transformaram em entidades que funcionam de maneira intermitente, apenas em época de eleição. Perderam sua função integradora: ninguém diria hoje, junto com Michael Ostrogorskij: "Não os convença, aceite-os socialmente".[7] Qualquer tipo de conexão diária, constante, desapareceu. E, sem manter um vínculo no dia a dia com as pessoas que os apoiam em época de eleição, os partidos não têm como disciplinar suas ações políticas.

Alguns grupos, sejam empresários, congregações religiosas ou associações de voluntários, buscam influenciar os partidos, bem como promover seus interesses tratando diretamente com o Executivo, incluindo os escalões mais baixos da burocracia. Uma diferença importante na estruturação de conflitos está na regulação de interesses por categoria. Os sindicatos foram proibidos em todos os países europeus até meados do século XIX. Mesmo depois de legalizados, em todas as democracias o Estado regula rigorosamente as condições nas quais podem ser formados, se múltiplas organizações podem existir dentro de um setor da indústria ou de um determinado local de trabalho, se convenções coletivas têm força de lei, se acordos feitos por sindicatos se aplicam a quem não é filiado e por aí vai. Como mostra a Figura 5.9, a densidade sindical média caiu bruscamente depois de 1980, de tal maneira que o poder das organizações sindicais sobre os trabalhadores sofreu um desgaste similar ao dos partidos políticos sobre seus simpatizantes. Lobbies de empresas não são regulados com o mesmo rigor, com pouquíssimos países exigindo que os grupos se registrem como tais e deem transparência a suas atividades. Associações de voluntários são reguladas basicamente por leis tributárias quando pleiteiam a condição de não ter fins lucrativos.

A lei civil e sua aplicação pelos tribunais individualizam os embates. Sem recorrer a eles, muitos conflitos assumem a forma de protestos coletivos espontâneos, como na China. Mas quando indivíduos conseguem levar suas demandas à justiça, as disputas entre eles e o Estado são descentralizadas: na Argentina, por exemplo, cidadãos processam o Estado por não fornecer os serviços assegurados na Constituição.[8] Os tribunais são um canal para processar conflitos desprovidos de organização coletiva.

Em suma, os Estados delineiam a organização de forças políticas que podem surgir no terreno das instituições. Outras formas de atividade podem ser toleradas com apreensão ou ativamente reprimidas.

2. Instituições absorvem conflitos quando as forças políticas capazes de se empenhar em outras maneiras de promover seus interesses ou valores são incentivadas a conduzir suas ações dentro do quadro institucional. O que importa não é apenas saber se ganham ou perdem, mas o que podem ganhar ou perder: quanto está em jogo. Um impasse sobre salários, por exemplo, implica menos riscos do que uma greve por causa de demissões. Os riscos de um conflito sobre o derramamento de resíduos tóxicos em rios podem ser pequenos para a indústria, envolvendo apenas lucros um pouco mais baixos ou altos, e muito grandes para os que estão potencialmente expostos ao veneno. Os riscos de uma decisão de ir à guerra podem ser enormes para todos. Em muitos conflitos, os benefícios das decisões do governo são concentrados, ao passo que os custos são difusos: pensemos numa tarifa sobre a pasta de dente que aumente bastante os lucros dos produtores e seja quase imperceptível para os consumidores. Conflitos que envolvem o poder político futuro apresentam mais riscos porque seus resultados são difíceis de reverter. Políticas de "mercado de trabalho flexível", por exemplo, podem ou não reduzir o

desemprego, mas enfraquecem o poder dos sindicatos e, com isso, suas possibilidades de influenciar o cenário.

Do ponto de vista esquemático, pensemos no fato de que cada força política organizada espera ganhar alguma coisa ao processar seus interesses dentro de um quadro institucional, e faz uma ideia do quanto o resultado pode ser revertido se perder, de modo que com isso é capaz de estimar o valor de sua participação na interação de interesses. A alternativa é usar seus recursos fora do quadro institucional, recorrendo à violência ou a outras formas ineficazes de lidar com conflitos (ver adiante). Essa opção foi nitidamente declarada por John McGurk, presidente do Partido Trabalhista do Reino Unido em 1919:

> Ou somos constitucionalistas ou não somos. Se somos constitucionalistas, se acreditamos na eficácia da arma política (e nós acreditamos, do contrário por que teríamos um Partido Trabalhista?), então ela é ao mesmo tempo imprudente e antidemocrática, porque não conseguimos a maioria nas urnas para dar meia-volta e exigir que a ação industrial seja substituída.[9]

Essa opinião, entretanto, nem sempre é compartilhada: o líder de um novo partido político de esquerda na França, Jean-Luc Mélenchon, anunciou depois da derrota que levaria seus partidários para as ruas. Contudo, não se deve ir tão longe a ponto de supor que esse tipo de escolha vem de considerações estratégicas. Cada sociedade tem uma faixa marginal de fanáticos, pessoas que agem sem pensar nas consequências.

Tanto os recursos que determinados grupos trazem para a interação de interesses como as práticas que podem mobilizar ações fora do quadro institucional são específicos de uma ou outra coletividade. Corporações multinacionais têm um efetivo poder de lobby, mas não a capacidade de levar pessoas para as ruas. Sindicatos podem exercer menos influência política, mas preservam a danosa capacidade de fazer greves. Os militares não deveriam ter nenhum poder institucional, mas são os que têm as armas. Para ser eficaz na absorção de conflitos, o poder dos atores dentro do quadro institucional não pode estar muito distante de sua capacidade de alcançar seus objetivos fora dele. As instituições funcionam à sombra do poder não institucional.

3. As instituições regulam conflitos se os perdedores aceitarem os resultados determinados pela aplicação das regras institucionais. Atores políticos podem usar as instituições e ainda assim rejeitar um resultado desfavorável. Pode-se pensar, e alguns teóricos de fato pensam, que essas situações não são possíveis. O argumento é que se um grupo adotasse uma estratégia de "vou tentar dentro das instituições e se não der certo agirei fora delas" então o grupo, ou os grupos, com quem ele está em conflito não conduziriam suas ações dentro das instituições, sabendo que sua vitória não teria consistência. Dessa forma, prossegue o argumento, "se os atores concordam com algumas regras, vão segui-las", ou, "se não pretendem segui-las, não concordarão com as regras".[10] Mas nós de fato testemunhamos situações nas quais um conflito deveria ser resolvido seguindo algumas regras e ainda assim os perdedores não aceitam o resultado, recorrendo a ações não institucionais. Acordos coletivos firmados por organizações sindicais são por vezes rejeitados pelos trabalhadores, que partem para greves não autorizadas. Um Legislativo pode aprovar uma medida que leve as pessoas para as ruas em sinal de

protesto: reformas educacionais na França costumam mobilizar uma oposição colossal. Nem mesmo os resultados de eleições são sempre aceitos pelos perdedores: entre as democracias que entraram em colapso, foi o caso em Honduras, em 1932, e na Costa Rica em 1958. A resposta está na incerteza: resultados da interação institucional não podem ser previstos com exatidão. Um grupo pode achar que conseguirá alguma coisa conduzindo suas atividades dentro do quadro institucional e acabar descobrindo que perdeu, e que o statu quo resultante é pior do que ele pode esperar conquistar se agir fora dos canais institucionais. Por sua vez, o outro grupo — ou outros grupos — pode achar que uma perda seria tolerável para os adversários e descobrir depois dos resultados que não é.

Um aspecto importante das instituições é fornecer regras para encerrar conflitos. Vimos no caso chileno que a estrutura jurídica continha duas normas contraditórias sobre o monopólio estatal de armas: de um lado, o Congresso aprovou a lei concedendo aos militares jurisdição sobre esse monopólio, autorizando-os a procurarem armas em prédios do governo; de outro, a lei deu autoridade ao presidente para não permitir o acesso dos militares a prédios públicos. Dessa forma, a situação ficou indeterminada, o que debilitava a posição dos generais que aderiam ao princípio da não intervenção desde que o presidente não violasse a Constituição. Talvez o caso mais flagrante de indeterminação constitucional seja o que ocorreu no Equador em 1977, quando três pessoas reivindicaram, com algum fundamento, o cargo de presidente e a Suprema Corte se recusou a julgar o conflito.[11] Os exemplos são muitos, mas a questão geral é que às vezes as Constituições e as leis não oferecem uma orientação clara para resolver determinados conflitos, e quando isso ocorre a própria distinção entre institucional e não institucional desaparece.

Diante dessa caracterização de conflitos e instituições, uma pergunta que surge é se todas as instituições são capazes de administrar todos os conflitos de modo pacífico. Alguns estudiosos acreditam que um sistema eleitoral menos proporcional teria produzido governos estáveis na República de Weimar. Outros, por sua vez, veem o culpado institucional de Weimar no Artigo 48 da Constituição, que permitia ao presidente nomear um governo sem o apoio do parlamento e até em oposição a ele.[12] Para alguns especialistas, se o Chile tivesse um sistema parlamentarista no lugar do presidencial uma coalizão majoritária de centro-direita teria sido formada, salvando a democracia. Pode-se também especular sobre o que teria acontecido na França se a Quarta República continuasse, em vez de ser substituída por um sistema presidencial. Infelizmente, essas alegações invocam cenários alternativos, sendo, portanto, apenas suposições. Sabemos o suficiente sobre as instituições para entender que, dada a estrutura das divisões políticas, algumas podem estabelecer governos eficazes e estáveis, e outras não. Mas é impossível saber se um quadro institucional diferente teria impedido a ascensão de Hitler ao poder ou a queda da democracia no Chile: há contingências demais envolvidas.

A instituição mais importante para processar conflitos nas democracias são as eleições. Elas, porém, são uma forma peculiar de processar conflitos, pois acontecem em datas específicas, são fixadas independente da situação política corrente na maioria dos países e espera-se que determinem as relações de poder durante um período definido. A vida política, porém, não para. Terminada uma eleição, os partidos já começam a fazer campanha para a seguinte. Mas a política entre os pleitos não se limita à política eleitoral. Governos eleitos pela maioria podem encontrar resistência de grupos com forte envolvimento em determinadas questões. Além disso, ainda que os governos sejam eleitos pela maioria, nem todas as medidas que propõem contam com apoio majoritário. Por isso é preciso examinar separadamente o que acontece nas eleições e o que acontece no período entre elas.

Eleições como método de processar conflitos

Escolhemos nossos governantes por meio de eleições. Os partidos propõem políticas e apresentam candidatos, nós votamos, alguém é declarado vitorioso segundo regras preestabelecidas, o vencedor assume o cargo e o perdedor vai para casa. Falhas ocorrem às vezes, mas quase sempre o processo funciona sem percalços. Somos governados por alguns anos e então temos a possibilidade de decidir se queremos manter os governantes ou se nos livramos deles. Tudo é tão automático que nem paramos para pensar. O que torna isso possível?

Eis o enigma reduzido à expressão mais simples. Suponhamos que eu queira uma coisa que outra pessoa também quer; às vezes quero o que não me pertence. A aplicação de uma regra indica que outra pessoa deve ficar com essa coisa. Por que eu haveria de obedecer?

A própria perspectiva de mudança de governo pode resultar numa regulação pacífica de conflitos. Para ver este argumento de forma mais nítida, imagine que governos são escolhidos jogando-se uma moeda, não necessariamente honesta, para cima: cara significa que os governantes devem permanecer no cargo, coroa que devem sair. Assim, uma leitura da moeda designa vitoriosos e perdedores. Essa designação diz o que cada um deve e não deve fazer: os vencedores vão para uma Casa Branca, Azul ou Rosada, ou talvez até para um palácio; enquanto estiverem ali, podem pegar tudo, até o limite constitucional, para si e para seus partidários, e devem jogar a mesma moeda para cima novamente quando seu mandato terminar. Os perdedores não se mudam para a casa e precisam aceitar o fato de não receberem mais do que lhes for concedido, seja lá o que for.

Quando a autorização para governar é determinada por uma loteria, os cidadãos não dispõem de nenhuma sanção eleitoral, seja para o futuro ou para o passado, e os governantes não têm incentivos para se comportarem bem no cargo. Como a sobrevivência dos governos eleitos por loteria não está condicionada à boa conduta, não há razão para se esperar que estes ajam de maneira representativa na esperança de garantir a reeleição: qualquer vínculo entre eleições e representação é cortado. Mas a simples perspectiva de que governos se alternem pode induzir as forças políticas conflitantes a seguirem as regras em vez de partirem para a ignorância. Embora os perdedores sofram para aceitar o resultado da rodada atual, se tiverem chance de vencer no futuro vão concordar com o veredicto em vez de recorrer à violência. Da mesma forma, embora os vitoriosos preferissem não ter que jogar a moeda novamente, talvez seja melhor para eles deixar o cargo de forma pacífica do que provocar uma resistência violenta à sua usurpação do poder. Examinemos a situação do ponto de vista dos perdedores numa determinada eleição: eles têm a opção de recorrer à violência para tomar o poder ou aceitar o custo de ter perdido e esperar que a moeda lhes seja favorável da próxima vez. O que vão fazer depende de suas chances de triunfar pela força, do custo de lutar, da perda que implica ser governado contra a vontade e da possibilidade de vencer no futuro. Esse cálculo pode levá-los numa ou outra direção, mas eles irão esperar se as políticas adotadas pelos vitoriosos não forem excessivamente radicais, ou se suas chances de vencer na próxima oportunidade forem altas o suficiente. Os vitoriosos, por sua vez, sabem que para impedir que os perdedores peguem em armas devem moderar suas políticas e não abusar das vantagens do cargo para negar aos perdedores a chance de vencer no futuro. Regular conflitos na base do cara ou coroa gera uma situação em que aguardar pacificamente pode ser a melhor coisa para os partidos, desde que o outro faça o mesmo. A violência é evitada pelo simples fato de que as forças políticas contam com um revezamento.

Mas nós não usamos dispositivos aleatórios; nós votamos. Votar é a imposição de uma vontade sobre outra. Quando uma decisão é tomada pelo voto, algumas pessoas precisam se submeter a uma opinião diferente da sua ou a uma decisão contrária aos seus interesses. Votar produz vencedores e perdedores e autoriza os vencedores a impelir sua vontade, ainda que com restrições, aos perdedores. Que diferença faz nós votarmos? Uma resposta é que o direito ao voto impõe a obrigação de respeitar o resultado da votação. Dessa perspectiva, os perdedores obedecem porque entendem que é seu dever aceitar o resultado de um processo de decisão do qual participaram por vontade própria. Resultados de eleições são legítimos no sentido de que as pessoas estão dispostas a aceitar decisões desde que possam participar da tomada delas.

Não acho essa opinião convincente, mas acredito que votar induz à submissão através de um mecanismo diferente. Votar corresponde a "exercitar os músculos": é uma interpretação das chances no conflito final. Se todos os homens são igualmente fortes (ou estão igualmente armados), então a distribuição de votos é um substituto do resultado de uma guerra. Naturalmente, uma vez que força física e números são coisas bem diferentes, quando a capacidade de travar uma guerra se torna profissionalizada e técnica votar já não oferece uma interpretação das chances num conflito violento. Mas votar revela informações sobre paixões, valores e interesses. Se a eleição é um substituto pacífico da rebelião é porque diz a todos quem se rebelaria contra o quê. Informa aos perdedores — "Eis a distribuição de forças: se desobedecerem às instruções comunicadas pelos resultados, é muito mais provável eu lhes dar uma surra do que vocês me baterem num confronto violento" — e aos vitoriosos — "Se vocês não realizarem eleições novamente, ou pegarem mais do que devem, eu irei opor uma resistência feroz". Eleições, mesmo aquelas em que o governante leva uma vantagem extraordinária, dão algumas informações sobre as chances que as diferentes forças políticas podem ter diante de uma resistência violenta. Elas reduzem a violência ao revelar os limites do governo.

No fim das contas, as eleições promovem a paz porque proporcionam horizontes de tempo. Mesmo quando achamos que as pessoas se preocupam mais com resultados do que com processos, a perspectiva de que partidos simpáticos aos nossos interesses podem assumir as rédeas traz esperança e gera paciência. Para muitos, a eleição de 2000 nos Estados Unidos foi um desastre, mas sabíamos que haveria outra quatro anos depois.

Quando o resultado da eleição de 2004 foi ainda pior, esperamos por 2008. E, por mais incrível que pareça até hoje, o país que elegeu e reelegeu Bush e Cheney votou em Obama. Os que votaram contra Trump agora esperam que ele seja derrotado em 2020. As eleições são as sirenes da democracia. Reacendem incessantemente nossas esperanças. Somos seduzidos pelas promessas, arriscamos a sorte apostando nas urnas. Então obedecemos e aguardamos. O milagre da democracia é as forças políticas em disputa aceitarem os resultados da votação. Pessoas que têm armas obedecem às que não têm. Governantes arriscam seu controle do governo realizando eleições. Perdedores esperam sua chance de conquistar o cargo. Conflitos são regulados, processados de acordo com regras e, dessa forma, contidos. Não é consenso, mas também não é balbúrdia. Apenas conflito regulado; conflito sem matança. Votos são pedras de papel.

Mas o mecanismo nem sempre funciona. Eleições processam conflitos de forma pacífica se alguma coisa está em jogo, mas não coisas demais.[13] Se não houver nada em questão, se as políticas continuarem as mesmas não importa quem vença, as pessoas sentem que estão votando uma eleição após a outra, que os governos mudam mas sua vida continua a mesma. Elas podem concluir que as eleições não têm consequências e perdem o incentivo para participar. O perigo é o mesmo quando há muita coisa em jogo, quando estar do lado perdedor é penoso demais para alguns grupos e suas perspectivas de chegar do lado vitorioso algum dia são insignificantes, de modo que passam a ver suas perdas como permanentes ou no mínimo prolongadas. Quando governantes que estão no cargo tornam quase impossível que a oposição vença, esta não tem outra escolha a não ser rejeitar as eleições.

Governo e oposição entre eleições

Pode-se argumentar que manter a ordem entre eleições não deveria ser um problema, justamente porque a possibilidade de ganhar disputas futuras basta para convencer os perdedores de agora a sofrerem em silêncio. Embora O'Donnell tenha diagnosticado a redução da política às eleições como uma patologia latino-americana, a "democracia delegativa",[14] para James Madison era assim que um governo representativo deveria funcionar: o povo elegeria os governantes e depois deixaria de exercer qualquer função. Lippman afirmava que o dever dos cidadãos "é preencher o cargo, e não dirigir o ocupante dele".[15] Schumpeter aconselhou os eleitores a "entenderem que, depois de eleger um indivíduo, a ação política é assunto deste, e não deles. Isso significa que devem se abster de instruí-lo sobre o que fazer".[16]

Como descrição, essa imagem é imprecisa.[17] Os conflitos sobre as decisões dos governantes são o feijão com arroz da política de todo dia. As atividades não se limitam às eleições, nem mesmo a esforços para influenciar os resultados de disputas futuras. Além disso, embora a oposição a políticas governamentais possa se restringir ao quadro institucional, sob certas condições ela ultrapassa esses limites.

A oposição parlamentar pode deter ou modificar ações do governo. Se uma proposta estiver sujeita à aprovação do Legislativo, pode fracassar no parlamento. Partidos de oposição podem convencer apoiadores do governo a mudar de opinião; podem exercer suas prerrogativas institucionais para bloquear uma legislação (na Alemanha, as presidências de comitês parlamentares são distribuídas proporcionalmente à força partidária; no Reino Unido, o Comitê de Contas Públicas é, por convenção, controlado pela oposição; na Argentina, aprovar uma legislação requer quórum supramajoritário); podem ameaçar com táticas de obstrução (uma proposta do governo para privatizar uma empresa de fornecimento de energia elétrica recebeu milhares de emendas na França; o uso do obstrucionismo no Senado norte-americano); podem ameaçar não cooperar nas esferas mais baixas dos governos sob seu comando. Para assegurar a competitividade nas eleições, a oposição tem a opção estratégica de aceitar concessões do governo ou não aceitar nada e arriscar tudo na esperança de tirá-lo do poder na disputa seguinte. Por exemplo, no Brasil, sob a presidência de Fernando Henrique Cardoso, a maioria dos partidos se dispôs a apoiá-lo em troca da liberação de verbas para projetos que interessavam a suas bases eleitorais, mas o Partido dos Trabalhadores (PT) invariavelmente votava contra, e ganhou a eleição presidencial seguinte.

A oposição pode também recorrer às cortes constitucionais para restringir os atos do governo. A lógica do papel das eleições em processar conflitos de forma pacífica se estende aos tribunais. Partes em disputa se dispõem a aceitar os veredictos dos tribunais constitucionais quando acreditam em sua imparcialidade, sobretudo pelo fato de os tribunais examinarem o mérito de cada caso. O lado perdedor obedece quando acredita que em casos futuros pode sair vencedor. Quando as cortes são descaradamente partidárias, essa crença fica debilitada e submeter questões conflituosas a tribunais constitucionais se torna inútil.

A oposição, no entanto, não precisa estar limitada por legislativos e tribunais. Pode acontecer nas ruas, nas fábricas, nos escritórios. Manifestações de rua fazem parte do repertório da oposição democrática, assim como as greves. Desde que ordeiras e pacíficas, são uma tática comum, pela qual alguns grupos demonstram sua oposição a determinadas políticas ou sua insatisfação geral com o governo. Contudo, manifestações nem sempre ocorrem sem problemas: às vezes são gratuitamente reprimidas, em outras degeneram em violência pela ação de grupos marginais de militantes (na França, esses arruaceiros são chamados de *casseurs*). A linha entre o legal e o ilegal é tênue. A observação de Hofstadter de que "a opinião geral dos governos sobre a oposição organizada é que ela é intrinsecamente subversiva e ilegítima" ainda persiste.[18] A ideia de que ser contra políticas do governo não significa uma traição ou obstrução foi reconhecida pela primeira vez na Grã-Bretanha, num discurso parlamentar de 1828. Mas que tipo de oposição é leal e que tipo é subversivo? A oposição precisa ser conduzida dentro do quadro das instituições representativas ou o povo tem o direito de agir como quiser? Babasaheb Ambedkar, pai da Constituição indiana, acreditava que, embora a desobediência civil fosse apropriada no regime colonial, "não passa de Gramática da Anarquia" na democracia. Nas palavras de David Cameron, ex-primeiro-ministro britânico, as manifestações de estudantes contra o aumento das mensalidades escolares "eram parte da democracia, mas violência e violação da lei não".[19] Ações como o bloqueio de estradas e pontes, a ocupação de prédios, lockouts, desobediência civil, distúrbios e, em casos extremos, terrorismo buscam enfraquecer o governo abalando a ordem pública. Entretanto, a violência nem sempre é dirigida contra os governos. Já vimos que em alguns casos grupos particulares, que às vezes se formam como organizações paramilitares e outras de maneira espontânea, se envolvem em violência uns contra os outros: foi o que aconteceu na República de Weimar e no Chile, bem como nos Estados Unidos durante os anos 1960.

Manifestações que terminam em violência, brutais conflitos trabalhistas, bloqueios de estradas e pontes, ocupação de prédios, lockouts, desobediência civil, distúrbios e terrorismo são o que quero dizer quando me refiro a conflitos que extrapolam os limites institucionais. Constituem rupturas da ordem pública. São onerosos para os que os praticam, para o governo e com frequência para terceiros. Podem ocorrer como resultado de decisões estratégicas de alguns grupos ou eclodir espontaneamente.

Consideremos uma situação em que um governo tem o monopólio da iniciativa legislativa e o apoio garantido de uma maioria no Legislativo: todos os projetos de lei são apresentados pelo Executivo e se tornam leis. Não bastando isso, ou o governo age dentro da legalidade ou os tribunais são partidários, de modo que qualquer recurso ao Judiciário é inútil. Vejamos a situação do ponto de vista de um grupo social contrário a determinada medida. Esse grupo não tem nenhuma chance de influenciar a política do governo dentro do sistema institucional: se o governo quer adotar a medida, o Legislativo apenas a aprova automaticamente, sem oferecer nenhum recurso. O máximo que esse grupo pode esperar do sistema de instituições representativas é que se a medida se tornar impopular o bastante o governo venha a perder a eleição seguinte e a lei seja revogada. Mas suponhamos que além disso o governo tenha boa chance de ser reeleito. Então esse grupo não tem nada a ganhar agindo dentro do quatro institucional. Nessas condições, pode estar desesperado o suficiente para tentar derrubar a lei atuando fora dos canais institucionais.

Saiegh produziu informações interessantes com relação à taxa de aprovação e transformação em leis de projetos que o Executivo propõe aos Legislativos (chamada de "Estatística" na Figura 8.1) e a incidência de distúrbios. Governos nem sempre conseguem o que querem nos Legislativos: de acordo com Saiegh, Legislativos democráticos aprovaram apenas 76% dos projetos de lei propostos pelo Executivo nos 783 países-anos sobre os quais há dados disponíveis.[20] O que podemos ver é que na democracia[21] distúrbios são mais frequentes quando o Executivo não é de forma alguma eficaz ou quando o Legislativo se limita a aprovar tudo automaticamente.

Interpreto essas tendências como se elas dissessem que as instituições conseguem regular conflitos quando o governo é suficientemente capaz de governar mas a oposição tem voz

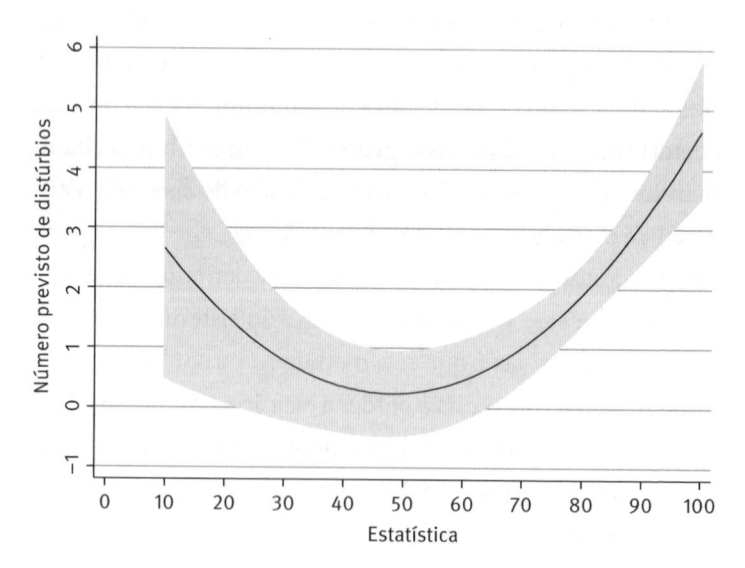

FIGURA 8.1 Proporção de projetos de lei aprovados e distúrbios
Fonte: Saiegh (2009).

importante na formulação de medidas. A política extravasa os limites institucionais quando os governos são fracos demais para conseguir aprovar leis ou tão fortes que não precisam agradar à oposição. Como muitos políticos franceses comentaram no rescaldo da arrasadora vitória legislativa do presidente Macron, "se o debate não acontecer no parlamento, vai acontecer nas ruas".

Rupturas da ordem pública tendem a se agravar contínua e dramaticamente. A experiência histórica sugere que quando os conflitos transbordam para as ruas, o apoio público às medidas autoritárias para manter a ordem tende a aumentar, mesmo quando o motivo das manifestações é justamente protestar contra as inclinações autoritárias do governo. O que as pessoas esperam é que o governo mantenha a ordem; na verdade, nenhuma sociedade é capaz de tolerar a desordem permanente. Greves prolongadas no transporte público ou paralisações que resultam em escassez, bloqueio de vias ou outras ações que impedem a vida diária provocam uma reação negativa mesmo entre os que simpatizam com a causa dos grevistas. Repetidos confrontos de rua criam uma atmosfera de desordem e insegurança. Assim, os governos não costumam resistir à tentação de caracterizar como ilegais quaisquer ações contra eles. Particularmente perigosas são "as situações em que as autoridades, a polícia e o Judiciário, mesmo desaprovando atos políticos violentos, lidam de forma tolerante com eles por sentirem simpatia pelos motivos daqueles que se envolvem nelas ou hostilidade contra suas vítimas".[22] Nesse clima político, as forças de repressão, sejam elas a polícia comum ou a tropa de choque, se sentem autorizadas a recorrer à violência mesmo em protestos pacíficos: lembremos da "revolta da polícia" durante a convenção do Partido Democrata em Chicago em 1968. Quando essas forças não são bem treinadas e disciplinadas, acidentes fatais são quase inevitáveis, como o massacre de estudantes na Universidade Estadual de Kent em 4 de maio de 1970. E quando ações pacíficas são brutalmente reprimidas, algumas pessoas concluem que estão sendo empurradas para fora do quadro institucional e recorrem ao terrorismo, como nos Estados Unidos, na Alemanha e na Itália nos anos 1960 e 1970.

Não digo que essas tendências sejam normais: sabemos muito pouco sobre o que há de sistemático na dinâmica da desordem e da repressão. A única conclusão que se pode tirar desses exemplos é que a ruptura da ordem pública é uma coisa que todos os governos devem temer. Diante de manifestações que degeneram em violência, bloqueio de ruas, prolongadas greves no transporte público ou confrontos entre grupos particulares, os governantes têm apenas duas opções: perseverar em suas políticas ao mesmo tempo que recorrem à repressão ou abandoná-las para aplacar a oposição. Nenhuma dessas alternativas é boa. O agravamento da agitação e da repressão compromete a ordem pública, e repetidas concessões tornam os governos incapazes de implementar qualquer política estável.

Como as democracias fracassam

A democracia funciona bem quando as instituições representativas estruturam conflitos e os absorvem e regulam de acordo com regras. As eleições fracassam como mecanismo de processar conflitos quando seus resultados não têm consequência na vida das pessoas, ou quando os governantes abusam de suas vantagens a ponto de tornarem os pleitos não competitivos. Uma vez eleitos, os governos precisam governar, mas não podem ignorar as opiniões de minorias aguerridas. Quando os conflitos são intensos e a sociedade está altamente polarizada, encontrar medidas que sejam aceitas por todas as grandes forças políticas é difícil e talvez impossível. Erros de cálculo, cometidos por governantes ou por diferentes grupos que se opõem a eles, levam a colapsos institucionais. Quando os governos ignoram toda refutação a suas políticas, interpretam qualquer atitude contrária como subversiva e se envolvem em atos gratuitos de repressão, acabam empurrando esses grupos para fora do quadro institucional: a oposição se transforma em resistência. Quando alguns grupos da oposição se recusam a aceitar políticas resultantes da aplicação das regras institucionais, os governos talvez não tenham outra escolha que não seja recorrer à repressão para preservar a ordem pública. Encontrar o ponto de equilíbrio entre concessão e repressão é uma escolha delicada. Fracassos são inevitáveis.

9. Subversão sub-reptícia

Retrocesso democrático

O sonho de todo político é ficar para sempre no cargo e usar seu mandato para fazer o que bem entender. A maioria dos governos democráticos tenta atingir esse objetivo angariando apoio popular dentro do quadro institucional estabelecido. Outros, porém, buscam proteger a sua permanência no cargo e remover possíveis obstáculos a suas políticas enfraquecendo instituições e impossibilitando qualquer forma de oposição. Exemplos recentes são a Turquia no governo do Partido de Justiça e Desenvolvimento (AKP), a Venezuela nos governos de Chávez e Maduro, a Hungria no segundo governo do Fidesz e a Polônia no segundo mandato do PiS.

A desconsolidação ou retrocesso democrático é um processo de desgaste gradual das instituições e das normas da democracia. Ginsburg e Huq usam o termo "retrogressão autoritária", distinto da pura e simples "reversão", e o definem como "um processo de decadência gradual (mas, em última análise, substancial) dos três atributos básicos da democracia — eleições competitivas, direitos liberais de expressão e associação e o Estado de direito".[1] Enquanto o retrocesso, a desconsolidação ou a retrogressão, seja qual for o nome que se queira dar, avança, a oposição vai se tornando incapaz de ganhar eleições ou assumir o cargo se ganhar, as instituições estabelecidas perdem a capacidade de controlar o Executivo e as manifestações populares de protesto são reprimidas com violência. Tudo isso é impulsionado pelo desejo do governo de monopolizar o poder e eliminar obstáculos à implantação de suas políticas. Contudo, é um processo de interação entre o governo e vários atores que tentam impedi-lo. A estratégia dos governantes que tomam esse caminho, portanto, se concentra em incapacitar possíveis resistências, que variam caso a caso, mas costumam incluir os partidos de oposição, o sistema judicial e a mídia, bem como as ruas.

Pensemos nisso da seguinte maneira. Um governo profundamente comprometido com determinado objetivo ideológico — como a islamização na Turquia, o bolivarianismo na Venezuela, a "preservação da pureza da nação" na Hungria ou a "defesa do cristianismo" na Polônia — vence uma eleição.* Esse governo decide se vai adotar medidas que aumentem a sua possibilidade de continuar no cargo ou planos para ampliar a sua liberdade de formulação política. Como Lust e Waldner afirmaram, "o retrocesso ocorre através de uma série de mudanças discretas nas regras e nos procedimentos informais que orientam as eleições, os direitos e a obrigação de justificar as próprias ações. Isso ocorre ao longo do tempo, com intervalos de meses e até anos".[2] Exemplos do primeiro tipo de medida

---

* A definição de vitória não é tão simples quanto parece. As leis eleitorais desempenham um papel importante: na Turquia, o AKP obteve 34,3% dos votos para conquistar 66% das cadeiras quando assumiu o poder pela primeira vez em 2002; na Hungria, o Fidesz obteve 53% dos votos e 68% das cadeiras em 2010; na Polônia, o PiS obteve 37,5% dos votos e 51% das cadeiras. A chegada de Chávez ao poder na Venezuela foi complicada: os partidos tradicionais na verdade venceram a eleição legislativa de 1998; Chávez venceu a eleição presidencial com 56,4% dos votos, enquanto seu partido obteve 44,4% dos votos e 55,7% das cadeiras na eleição legislativa de 2000.

incluem a mudança de fórmulas eleitorais, o redesenho de distritos, novas exigências para votar (como idade e admissibilidade de cidadãos que residem no exterior), intimidação da oposição e a imposição de restrições a organizações não governamentais. Exemplos do segundo tipo incluem transferência de poder do Legislativo para o Executivo, restrição da independência do Judiciário e o uso de referendos para superar barreiras institucionais. Algumas medidas, como a implementação de reformas constitucionais, o aparelhamento partidário da máquina estatal e o controle da mídia, têm ambos os efeitos. Ao observar esses atos, cidadãos que prezam a democracia podem se voltar contra o governo mesmo quando apoiam suas políticas ou desfrutam de resultados que atribuem a elas. Se a oposição cresce, o governo pode ser afastado do cargo ou diminuir o ritmo, já prevendo um agravamento do quadro.

Em princípio, a oposição poderia impedir que governos fossem adiante em suas medidas impopulares detendo-os por meios legais, fosse derrotando um projeto de lei no parlamento, fosse conseguindo um veto presidencial ou uma decisão favorável na justiça. A história dos quatro casos a que nos referimos mostra, porém, que os governos costumam superar os obstáculos jurídicos. Em 2007, quando o presidente da Turquia vetou uma emenda constitucional aprovada pelo parlamento sobre a eleição direta para a presidência, o governo organizou um referendo e ganhou. Na Venezuela, quando a oposição venceu a eleição legislativa em dezembro de 2015, Maduro substituiu o Congresso por uma Assembleia Constituinte recém-eleita. Na Hungria, quando o Tribunal Constitucional invalidou uma reforma eleitoral em 2013, o governo aprovou uma emenda constitucional reduzindo o poder do tribunal. Na Polônia, depois de vetar duas leis relativas às cortes, o presidente foi imediatamente convencido a mudar de ideia. Isso não quer dizer que os governos sempre triunfam: na Polônia, por exemplo, o governo teve que voltar atrás na sua decisão de multar uma emissora de TV da oposição pertencente a grupos norte-americanos. Contudo, parece que os contra-ataques jurídicos da oposição conseguem, no máximo, retardar o processo, mas não interrompê-lo. Ainda assim pensamos na oposição como uma ameaça efetiva para afastar o governo e reverter o processo de deterioração democrática.

A pergunta óbvia é por que alguns governos decidem seguir por esse caminho, enquanto a maioria o evita. A segunda é se, uma vez adotadas essas medidas, é possível detê-lo antes que assuma o controle total. A terceira é se a oposição seria capaz de afastar o governante e reverter esse processo.

Vale ressaltar que tentamos compreender o "como" mais do que o "quando": o foco é mais como a desconsolidação se desenvolve do que em que condição é provável que ela ocorra. Buscamos aprender com a experiência dos quatro países já mencionados — apresentamos amostras da variável dependente — porque queremos entender como as democracias podem ser destruídas passo a passo, e não por que o retrocesso ocorre em alguns países e não em outros.[3] Nossa pergunta não é "Vai acontecer aqui?", mas "Pode acontecer em qualquer lugar?".

Sub-repção

O mistério na destruição da democracia por retrocesso está em como um cenário terrível pode ser construído aos poucos, enquanto as pessoas que sofrerão as consequências não reagem a tempo. Como Ginsburg e Huq postulam:

> A chave para entender o desgaste democrático está em ver como medidas discretas, que isoladas ou em termos abstratos poderiam ser justificadas como compatíveis com as normas democráticas, podem, apesar disso, ser utilizadas como mecanismos para fazer vir abaixo a democracia liberal constitucional.[4]

Na parábola do sapo na panela, o sapo, se for colocado de uma vez na água quente, pula fora, mas se for posto na água fria, e esta for aquecida aos poucos, não se dará conta do perigo e morrerá cozido. Mas essa história não é verdade: experimentos recentes mostram que o sapo se sentirá mal quando a água esquentar e tentará sair. Nesse caso, como o retrocesso gradual poderia conseguir acabar com a democracia?

A primeira lição que aprendemos com experiências recentes é que as democracias não dispõem de mecanismos institucionais que impedem que elas sejam subvertidas por governos devidamente eleitos segundo normas constitucionais. Quando Hitler chegou ao poder, por uma "brecha autoritária na Constituição de Weimar" (o Artigo 48, que permitia ao presidente autorizar o governo a atuar por decreto),[5] a possibilidade de um caminho legal para a ditadura foi vista como um defeito dessa Constituição em particular. Mas essas brechas podem ser genéricas. O pai do constitucionalismo, Montesquieu, afirmava que, "para que o abuso de poder seja impossível, é necessário que, pela disposição das coisas, o poder faça o poder parar".[6] Mas, com o devido respeito a Madison,[7] os freios e contrapesos não funcionam com eficácia quando diferentes poderes do governo são controlados pelo mesmo partido: como o próprio Madison descobriria quase de imediato, a separação constitucional dos poderes é vulnerável a interesses políticos.[8] Tribunais, sejam constitucionais ou comuns, podem ser configurados segundo interesses partidários, intimidados ou contornados. Mudanças constitucionais indiscriminadas, emendas ou referendos podem superar por meios legítimos obstáculos antes vindos da própria Constituição. Órgãos públicos, incluindo agências de segurança, podem ser instrumentalizados para atender a objetivos partidários. A mídia estatal pode ser aparelhada por órgãos reguladores aliados ao governo, enquanto a mídia privada pode ser intimidada do ponto de vista legal, ou destruída financeiramente. Todas essas medidas são possíveis legalmente. Como Landau observa:

> O conjunto de regras formais encontradas nas Constituições está se revelando uma simples barreira de pergaminho contra regimes autoritários ou quase autoritários. Há notícias ainda piores: os mecanismos existentes de proteção à democracia no direito internacional e comparado se mostraram ineficazes diante dessa nova ameaça.[9]

A desconsolidação democrática não precisa envolver violações da Constituição. Pensando nos Estados Unidos, um advogado constitucionalista escreve:

> Se acontecer aqui, não vai acontecer de uma vez [...]. Cada passo poderá até ser ofensivo, mas não alarmante [...] não haverá um ponto único e cataclísmico em que as instituições democráticas sejam demolidas [...] os passos rumo ao autoritarismo nem sem-

pre, ou mesmo em geral, serão claramente ilegais [...]. Na verdade, cada passo poderá ser dado em conformidade com a letra da lei. Mas cada passo, em si mesmo legal, poderá enfraquecer um pouco mais a democracia liberal.[10]

Num contexto mais amplo, outro advogado constitucionalista conclui:

É difícil identificar um ponto de inflexão em meio aos acontecimentos: nenhuma nova lei, decisão ou transformação isolada parece suficiente para fazer soar o alarme; só depois que acontece é que percebemos que a linha que separa a democracia liberal de uma democracia falsa foi atravessada: momentos decisivos não são vistos como tais quando vivemos neles.[11]

É o que queremos dizer com sub-repção: "O uso de mecanismos legais existentes em regimes com credenciais democráticas favoráveis para fins antidemocráticos".[12]

Contudo, quando o governo dá passos que não são flagrantemente inconstitucionais ou antidemocráticos, os cidadãos que se beneficiam de suas políticas mas ainda dão valor à democracia não sabem bem como reagir. Algumas medidas que governos reacionários adotam não precisam nem mesmo de atos legais, apenas de mudanças de procedimento. Por exemplo, o partido governante polonês, o PiS, aos poucos alterou os protocolos parlamentares relativos à introdução de novos projetos de lei: as regras dizem que projetos propostos pelo governo precisam ser submetidos a audiências públicas, enquanto projetos de iniciativa privada não precisam; o governo passou então a apresentar suas propostas como se fossem projetos de lei de seus próprios deputados.[13] Além disso, não há nada de errado do ponto de vista constitucional com medidas como uma lei parlamentar que aliviava as restrições ao ensino do Alcorão (Turquia, junho de 2005), as leis antiterror (Turquia, junho de 2006; Polônia, maio de 2016) ou um estatuto exigindo que organizações não governamentais sejam registradas como organizações estrangeiras se receberem fundos do exterior (Hungria, junho de 2017). São leis ordinárias, aprovadas segundo preceitos constitucionais pelos órgãos juridicamente competentes, uma prerrogativa de qualquer governo democrático. Mesmo mudanças na Constituição são válidas desde que observem preceitos constitucionais, como na Hungria em abril de 2011 e na Turquia depois dos referendos de outubro de 2017 (a eleição direta do presidente, depois que o então presidente vetou uma lei parlamentar), de setembro de 2010 (maior controle civil dos militares e dos tribunais) e de abril de 2011 (introduzindo um sistema presidencial). Como resultado, e nisso vários observadores estão de acordo, "não há um só acontecimento ou conduta governamental que possa mobilizar a resistência emitindo um sinal claro de que as normas democráticas correm risco";[14] "lentos deslizes rumo ao autoritarismo não costumam ter nem a faísca brilhante que provoca um chamado à ação nem a oposição e os líderes de movimentos que possam fazer soar esse toque de clarim".[15]

Protestos contra medidas legítimas tomadas por um governo que acaba de ganhar uma eleição mostram apenas que a oposição é má perdedora, que não respeita as normas democráticas. Ainda piores são as situações em que governos conseguem reconfigurar partidariamente ou controlar os tribunais constitucionais e rever a Constituição para legitimar suas ações, como fizeram na Venezuela, na Turquia e na Hungria. Essas medidas são perversas porque permitem que os governos enquadrem as ações da oposição como anticonstitucionais: no tuíte do presidente Trump, a nomeação do procurador especial Robert Mueller foi "totalmente INCONSTITUCIONAL".[16] Parte dos jogos retóricos envolvidos no retrocesso consiste na competição pelo manto da "democracia" e do "constitucionalismo", na qual a oposição nem sempre triunfa. É nesse contexto que um jornalista russo favorável a Putin, Mikhail Leontiev, pode observar, com falsa ingenuidade: "Não entendo o que pode haver de antidemocrático no fato de uma força que conta com um apoio social esmagador ganhar as eleições".[17]

Alegações de "inconstitucional" exigem critérios mais rigorosos do que alegações de "antidemocrático". Declarações de que um estatuto ou uma ação do governo violam a Constituição são formalizadas por órgãos especializados designados pela própria Carta e subentendem interpretações do seu texto. Os tribunais, por sua vez, são órgãos povoados:[18] suas decisões são tomadas por pessoas nomeadas por políticos. Assim, se um governo consegue preencher essas instituições com correligionários, as decisões tomadas serão favoráveis a ele. A Venezuela é um exemplo claro. Além disso, Constituições podem ser emendadas ou completamente substituídas, também segundo preceitos constitucionais. Mesmo quando a Constituição existente está bem consolidada, suas cláusulas pétreas podem ser modificadas para permitir mudanças.

Claro, a constitucionalidade pode ser questionada mesmo quando um tribunal é formado de acordo com as normas constitucionais e quando decide quais ações do governo seguem a Constituição. Uma das dificuldades é saber se um ato que revogue totalmente a constitucionalidade, ainda que adotado em conformidade com preceitos constitucionais, pode ser considerado constitucional. O maior exemplo é a Lei de Habilitação alemã (*Gesetz zur Behebung der Not von Volk und Reich*), de 24 de março de 1933, que deu ao governo o poder de agir de forma extraconstitucional: "Além do procedimento prescrito pela Constituição, as leis do Reich podem também ser promulgadas pelo governo do Reich" (Artigo 1). Uma interpretação literal de constitucionalidade não oferece um critério decisivo: é necessário recorrer a uma compreensão mais ampla para entender que as ações de um governo podem violar a constitucionalidade mesmo quando os órgãos pertinentes as declaram constitucionais. Diante disso, Landau chama de constitucionalismo abusivo "o uso de mecanismos de mudança na Constituição para tornar um Estado significativamente menos democrático do que antes".[19] A Corte Constitucional colombiana, por exemplo, decidiu que mesmo as emendas constitucionais devidamente adotadas podem ser inconstitucionais.[20] Levando em conta que essas concepções são um tanto vagas, divergências entre os partidos são inevitáveis.

A noção de "antidemocrático" é ainda mais permissiva. Não há nada de antidemocrático na eleição de Donald Trump: nas palavras da sua propaganda, "o objetivo do nosso movimento é substituir um establishment fracassado e corrupto por um novo governo controlado por você, povo americano". É mais paradoxal ainda dizer o mesmo sobre os referendos nos quais Marine Le Pen, defendendo o voto no "Frexit", prometia que "Você, o povo, vai decidir". Não realizar eleições previstas no calendário ou cometer fraudes evidentes são coisas vistas, quase de maneira universal, como violações das normas democráticas, mas com exceção desse indicador primordial as normas do que exatamente seriam práticas antidemocráticas são pouco cristalizadas e divergem mais ainda de partido para partido. Nos Estados Unidos, por exemplo, quase todo mundo considera eleições limpas, com igualdade de direito de voto, importantes para a democracia, mas pouca gente acha importante que os distritos eleitorais não sejam tendenciosos ou que o governo não se meta com a imprensa, havendo divergências entre correligionários e adversários do presidente Trump.[21]

Além disso, são comuns as controvérsias sobre se algumas medidas são mesmo antidemocráticas. Imagine que um governo estenda o direito de votar a cidadãos que residem no exterior (Erdogan fez isso, mas também Berlusconi), ou adote uma lei exigindo documentação adicional no local de votação, ou altere o mapa dos distritos eleitorais. Essas medidas são antidemocráticas? O governo diz: "Queremos estender os direitos a todos os cidadãos", "Queremos impedir fraudes", "Queremos que todo voto tenha o mesmo peso". A oposição diz: "O governo não dá a mínima para os direitos e só está estendendo o voto aos turcos em Berlim porque sabe que votarão nele", "O governo não liga para fraudes, quer apenas impedir que os pobres, que não têm todos os documentos, votem", "O governo está refazendo a divisão dos distritos em benefício próprio". Todas essas regras obedecem a preceitos constitucionais, por isso não são antidemocráticas no sentido de violarem normas processuais. A discordância não é sobre os fatos, mas sobre as intenções, e não há como analisar intenções objetivamente.

Contudo, governos podem tomar medidas abertamente inconstitucionais ou antidemocráticas. Recusar-se a aceitar as decisões dos tribunais é uma atitude inconstitucional, e nos Estados Unidos passível de acusação de desacato ao tribunal ou ao juiz. Proibir um jornal de oposição é uma flagrante violação das normas democráticas. No mais, há ações que são abusivas independente de serem inconstitucionais ou antidemocráticas: atirar contra manifestantes pacíficos, como na Universidade Estadual de Kent em 4 de maio de 1970, provocará indignação generalizada, sejam quais forem as filigranas jurídicas ou normativas. A sub-repção é um processo pelo qual o governo adota certas medidas, nenhuma delas manifestamente inconstitucional ou antidemocrática, mas que acumuladas destroem pouco a pouco a capacidade da oposição de tirá-lo do cargo ou ampliam sua liberdade de formulação política.

Dinâmica da subversão a partir de cima

Barreiras de pergaminho não bastam para impedir o desgaste da democracia por governos que agem sub-repticiamente. A questão, portanto, é saber se um governo que esteja empenhado no retrocesso pode ser convencido a mudar de ideia ou afastado devido ao crescimento da oposição popular.

Digamos que a todo momento o governo decide se adota uma medida que aumenta suas vantagens ou se traz a política mais para perto dos seus ideais, ou as duas coisas, prevendo o tamanho da oposição diante de cada uma. Os cidadãos, por sua vez, decidem se ficam contra o governo ou se o apoiam, talvez esperando para ver se ele continuará indo mais longe. A probabilidade de que o governante permaneça no cargo depende do número de medidas que ele vai adotar para proteger o seu mandato da oposição e do tamanho desta. Quanto mais o governo adota essas medidas com êxito, maior a oposição necessária para produzir uma chance equivalente de derrubá-lo. O governo toma o caminho do retrocesso quando, ao adotar certas medidas, tem mais condições de permanecer no poder e de implementar suas políticas do que o statu quo institucional. Ele para se o ganho resultante dessas medidas for menor do que o perigo de provocar uma oposição mais acirrada. A cada passo, ele pode ser afastado do cargo.

As pessoas atribuem pesos variados de acordo com a importância que dão à democracia e a certas políticas, como ações anti-imigração, ou a resultados, como o aumento dos salários.[22] Quem não gosta dos resultados alcançados pelo governo, digamos ambientalistas sob a administração Trump, se opõe independente do valor que dão à democracia. Por sua vez, pessoas que apoiam as políticas adotadas avaliam em proporções diferentes os benefícios que obtêm dessas políticas em comparação com o dano causado à democracia, onde democracia significa que o governo pode ser destituído por eleições (ou algum recurso constitucional, como impeachment ou moção de censura) quando uma maioria suficiente se opõe. E, claro, há aqueles que não dão a mínima para a democracia.

Embora isso pareça um pouco vago, há muitas possibilidades. A oposição pode não se manifestar; pode ficar adormecida de início e então crescer de repente; pode permanecer em um nível constante ou apenas aumentar sem muita regularidade, reagindo a determinadas medidas do governo. Levando em conta que ao fazer suposições podemos obter o resultado que quisermos, para gerar conclusões válidas devemos manter essas possibilidades tão abertas quanto possível, explorando as condições gerais sob as quais um governo toma o caminho da desconsolidação, bem como as circunstâncias, se é que existem, diante das quais ele para sob a ameaça da oposição ou é destituído do cargo.

A conclusão central* é que tudo vai depender de as pessoas que se preocupam com a democracia perceberem os efeitos de determinadas medidas no futuro distante. Se conseguirem prever o efeito cumulativo do retrocesso, os que prezam a democracia logo se voltarão contra o governo, e, já contando com essa reação, este desistirá de tomar ou continuar seguindo esse caminho. Isso seria verdade ainda que no começo as pessoas não tivessem certeza de que o governo pretendia retroceder e só se dessem conta do tipo de situação que enfrentam quando este tomasse algumas medidas. Por outro lado, se os cidadãos reagem apenas à sua situação atual, a oposição se manifesta devagar demais para impedir que um governo reacionário tome um número suficiente de medidas que assegurem a vantagem de estar no comando e removam obstáculos institucionais ao seu poder de instituir políticas. A oposição se manifesta um pouco mais depressa se determinadas medidas de um governo autoritário também forem admitidas por governos democráticos, e age um pouco mais devagar se as pessoas não estiverem certas de que tais medidas têm como objetivo aumentar a vantagem do governante, mas nenhuma dessas duas possibilidades impede o governo de avançar. Assim, a não ser que o povo reaja desde o início contra atos do governo que possam ter efeito cumulativo no desgaste da democracia, ela irá se desmanchando aos poucos.

Defender a democracia impõe um desafio difícil, talvez impossível, aos cidadãos. Para agirem agora contra um go-

---

* As conclusões são baseadas numa série de modelos matemáticos desenvolvidos em parceria com Zhaotian Luo. Ver Luo e Przeworski (2018).

verno que pode, no futuro, destruir o sistema democrático, pessoas que desfrutam de suas políticas ou de resultados que atribuem essas políticas* precisam ver o efeito de longo prazo das medidas atuais. Ainda que tenham preferências temporais consistentes[23] e estejam preocupadas com o futuro, precisam saber calcular o efeito cumulativo de determinadas medidas aparentemente democráticas — precisam enxergar o que está por trás da sub-repção. É uma tarefa difícil, e ainda que a incapacidade de prever o futuro viole a suposição da racionalidade plena, não deveria ser surpresa se ninguém conseguisse. Consideremos uma sequência de acontecimentos: primeiro o governo adota uma lei que exige documentos adicionais no lugar de votação, depois faz com que apoiadores comprem um jornal de oposição, em seguida reconfigura o mapa dos distritos eleitorais e por fim passa a controlar os órgãos que administram e supervisionam as eleições. O que as pessoas precisam entender é que, embora cada medida dessas tenha pouco impacto individual, seu efeito cumulativo impede que o governante seja derrotado, mesmo por uma posição amplamente majoritária. Além disso, políticas têm efeitos ainda mais difíceis de calcular: Sheppele dá como exemplo a associação entre o Artigo 48 da Constituição de Weimar, que permitia que o presidente declarasse estado de emergência com a condição de que o parlamento pudesse rejeitar essa declaração, e o Artigo 25, que permitia

---

* Note-se que na Turquia a renda per capita cresceu a uma taxa anual de 4,4% no governo do AKP, que a Venezuela teve um crescimento espetacular entre 2004 e 2011 (com exceção de 2009) graças ao preço do petróleo, que a Hungria cresceu a uma taxa de 3,5% sob o Fidesz e que as rendas polonesas continuaram a aumentar sob o PiS (dados de PWT 9.0, terminando em 2014).

ao presidente dissolver o parlamento uma vez por qualquer razão.[24] A consequência foi que, dissolvido o parlamento, o presidente poderia declarar estado de emergência o quanto quisesse. Nem mesmo os constitucionalistas mais competentes, que redigiram a Carta, viram os efeitos potenciais dessa combinação, que se revelou fatal.

Seria de esperar que os líderes da oposição instruíssem as pessoas a enxergar o futuro distante, mas sua função potencial é limitada. Discursos da oposição têm pouca capacidade de influenciar as pessoas: elas sabem que o objetivo dos líderes da oposição é substituir os que estão no poder, não importa se agem por motivos bons ou ruins. Se criticam cada ação do governo, as pessoas tendem a ignorar o que dizem. Nas palavras de Austen-Smith, um discurso que é previsível em virtude de seus interesses não tem credibilidade.[25] E se apenas os adversários mais radicais vão às ruas, o governo pode alegar que a oposição é antidemocrática, e outros provavelmente evitarão aderir.[26]

O fato é que governos reacionários continuam contando com apoio popular. O único caso em que um governo desse tipo perdeu uma eleição e deixou o cargo foi no Sri Lanka em 2015, o que se deveu a deserções em massa da coalizão governante; o vencedor havia sido ministro do governo que saiu. Outros governos reacionários sofreram reveses temporários, mas conseguiram se recuperar e continuar no poder: com 40,9% dos votos, o AKP foi incapaz de conquistar a maioria das cadeiras na eleição de 7 de junho de 2015, mas convocou uma nova eleição e conseguiu 49,5% dos votos cinco meses depois. Daí a três anos, em junho de 2018, Erdogan venceu a corrida presidencial com 52,6%. Na Polônia, a maioria de entrevistados numa pesquisa achava que o governo ia mal quando começou a mexer na Corte Constitucional em 2015, mas o mesmo governo foi avaliado positivamente pela maioria dois anos depois, em outubro de 2017.[27] Na Hungria, o Fidesz e seus aliados se reelegeram em abril de 2018 com 44,9% dos votos. Na Venezuela, Chávez se reelegeu em 2005 com 62,8% dos votos, e novamente em 2012 com 55,1%. Ele contava com apoio majoritário nas pesquisas; a oposição só predominou depois da sua morte. E nos Estados Unidos a popularidade do presidente Trump gira em torno dos 40%, independente de qualquer coisa. A conclusão só pode ser que muita gente não liga a mínima para a democracia, ou não percebe as consequências de longo prazo quando vota ou participa de pesquisas.

Isso pode acontecer aqui?

Todas as conclusões precisam ser especulativas. As intenções são importantes, a determinação de colocá-las em prática também; a resistência só é eficaz quando acontece no tempo certo e é bem fundamentada, e as condições sob as quais a oposição se manifesta são difíceis de satisfazer. Mas a ideia otimista de que os cidadãos podem de fato ameaçar governos que atentam contra a democracia e com isso impedir que sigam por esse caminho[28] é, infelizmente, infundada. Montesquieu esperava que se houvesse abuso de poder "tudo se uniria contra ele"; haveria uma revolução "que não mudaria a forma de governo ou sua Constituição: pois revoluções inspiradas pela liberdade nada mais são do que uma confirmação da liberdade". Mas essas opiniões se baseiam na hipótese de que o governo cometa atos que ameacem abertamente a liberdade, violem as normas constitucionais ou comprometam a democracia. Quando o governante age de forma sub-reptícia, os cidadãos só se voltam contra ele ao perceberem para onde suas ações estão levando o país. Logo, a resistência contra um governo reacionário cria um difícil desafio para os cidadãos no nível individual. O efeito da sub-repção é obscurecer o perigo a longo prazo. E se a oposição não impedir que o governo tome uma série de medidas legais, será tarde demais para impedi-lo de tomar medidas ilegais.

Isso pode acontecer em qualquer lugar? Poderia acontecer nos Estados Unidos? Eis aqui um roteiro de pesadelo.

Primeiro: o Congresso aprova uma lei proibindo a publicação de "escritos falsos, escandalosos e maliciosos contra o governo dos Estados Unidos, o Congresso ou o presidente, com a intenção de transformá-los em objeto de desprezo e descrédito" (Lei de Sedição de 1798)[29] ou aqueles que usem "linguagem desleal, profana, difamatória ou ofensiva" contra o governo, sua bandeira ou suas Forças Armadas, ou que levem outras pessoas a verem com desprezo o governo americano ou suas instituições. Os condenados nos termos dessa lei receberão sentenças de cinco a vinte anos de prisão (Lei de Sedição de 1918).

Depois: a Suprema Corte concede ampla liberdade a legislativos estaduais para preparar planos de redesenho dos distritos eleitorais.

Depois: o Congresso aprova uma lei segundo a qual tornar públicos documentos oficiais sem a autorização de uma repartição governamental sujeita o autor a multas ou prisão. "[A] Constituição impõe algumas restrições à divulgação (ou não divulgação) seletiva de informações pelo Estado de modo a desviar o debate público de questões que possam constranger ou enfraquecer líderes políticos".[30]

Depois: o Congresso aprova uma lei contra a fraude eleitoral, ordenando aos estados que adotem regras relativas a documentos exigidos no registro para votar.

Depois: o número de juízes federais nomeados pelo governo chega a 112 (o número total de vagas a serem preenchidas antes de 2020).

Depois: o presidente baixa uma ordem executiva decretando que "todas as pessoas que têm o privilégio de estar empregadas nos departamentos e repartições do governo devem ser confiáveis, fidedignas, de boa conduta e bom caráter" e precisam demonstrar "lealdade inabalável aos Estados Unidos" (Ordem Executiva 10450 do presidente Eisenhower em 1953).[31] Centenas de funcionários públicos nomeados antes de 2016 são exonerados.

Depois: o Congresso aprova uma lei retirando a isenção de impostos de organizações não governamentais que "obstruam a implementação de leis e regulamentos devidamente adotados".

Depois: dois ministros da Suprema Corte são substituídos por ministros nomeados pelo governo.

Depois: o Congresso aprova uma lei antiterrorismo segundo a qual qualquer pessoa que "ameace a segurança nacional" está sujeita a prisão preventiva. "Você se engana se pensa que não vai acontecer de novo. Porque ... em tempos de guerra, as leis se calam" (ministro Antonin Scalia, referindo-se ao caso).[32]

Depois: o presidente é reeleito.

Depois: o presidente baixa uma série de ordens executivas sobre assuntos antes sujeitos a legislação. O Congresso continua mudo. A Suprema Corte continua muda.

Cai o pano.

10. O que pode ou não acontecer?

> Vou contar a vocês o que me trouxe a esta posição. Nossos problemas pareciam complicados. As pessoas não sabiam o que fazer com eles. Nessas circunstâncias, preferiram entregá-los aos políticos profissionais. Eu, por outro lado, simplifiquei o problema, reduzindo-o à fórmula mais simples. As massas reconheceram isso e me seguiram.
>
> ADOLF HITLER[1]

Como observou J. K. Galbraith: "A única função das previsões econômicas é fazer a astrologia parecer respeitável". Arriscar previsões políticas é ainda pior. A incerteza é inerente, sejam quais forem as circunstâncias, e aumenta exponencialmente quando há grandes questões em jogo e os conflitos são acirrados. Diante disso, o melhor que podemos fazer talvez seja identificar as diversas possibilidades contidas na crise atual.

A hipótese mais otimista na esfera econômica é que a crise — a estagnação dos baixos salários, a insegurança no emprego, o fim da crença na mobilidade entre gerações — desaparecerá sem grandes consequências e, sendo a insatisfação política motivada pela economia, o impasse político terá o mesmo fim. O crescimento está se acelerando nos países desenvolvidos, com a renda média finalmente superando os níveis pré-2008. O desemprego baixou dos níveis pós-2008. A globalização, em especial a migração dos empregos para países onde se ganha menos, está nos níveis de 2008. Os salários na China aumentaram 64% em cinco anos, ainda que tenham permanecido reduzidos em outros países. As taxas de rentabilidade de atividades realizadas internamente estão, em vários setores, se aproximando das dos investimentos externos. Há quem espere que as reformas do mercado de trabalho destinadas a criar mais flexibilidade aumentem o emprego total. Acompanhada por programas de proteção de renda, a combinação de emprego flexível com garantia de renda mínima aumentará a eficiência ao mesmo tempo que oferece segurança financeira. Nesse cenário, portanto, a crise econômica está desaparecendo, e no futuro será vista apenas como um solavanco temporário no longo caminho do progresso material.

A hipótese mais sombria é que não há nada no horizonte que possa reverter a estagnação das rendas mais baixas e a insegurança resultante do desaparecimento de salários melhores. Ainda que o crescimento acelere, não há motivos para esperar que os salários aumentem na mesma proporção. A desigualdade, portanto, continuará crescendo. É pouco provável que o protecionismo preserve empregos que envolvem habilidades tradicionais, seja na indústria ou no setor de serviços. Ainda que reduza o desemprego, o protecionismo acabará promovendo uma economia de mão de obra. A própria noção de "trazer de volta os empregos" é um slogan vazio de campanha. Embora a experiência histórica seja que a substituição de pessoas por máquinas não reduz o emprego total porque novos postos de trabalho são criados para substituir os que desapareceram, um estudo cuidadoso do McKinsey Global Institute conclui que cerca de 60% de todos os empregos atuais têm pelo menos 30% de componentes que poderiam ser automatizados, e que a taxa de crescimento do emprego vai desacelerar.[2] Há também declarações mais apocalípticas de que a inteligência artificial é uma inovação revolucionária, capaz de substituir cérebros e não apenas músculos, e que a taxa de substituição será muito maior.[3] Contudo, ainda que o surgimento de novos empregos compense o desaparecimento dos atuais, as áreas em que haverá maior demanda serão as das funções de menos produtividade e baixos salários. O setor que cresce mais rápido nos Estados Unidos é o de serviços pessoais, o que paga menos. O US Bureau of Labor Statistics prevê que entre 2016 e 2026 os rendimentos do setor não agrícola e os empregos com salário fixo crescerão a uma taxa de 0,7% ao ano, com postos na indústria declinando a uma taxa anual de 0,6% e nas áreas de assistência médica e de assistência social aumentando a um índice de 1,9% ao ano. O salário médio anual (sem contar os agricultores) nos Estados Unidos em 2016 era de US$ 49 630, enquanto prestadores de assistência médica domiciliar ganhavam US$ 23 600 e cozinheiros de redes de fast-food, US$ 20 570. Entre os 28 membros da Comunidade Europeia, os setores com crescimento mais rápido de 2008 a 2016 eram também os que pagavam pior, com exceção de trabalhadores especializados, científicos e técnicos. Portanto, há razões para esperar que muita gente venha a passar pela necessidade de migrar para empregos mal pagos, com a perda de status social e a percepção de mobilidade para baixo que isso acarreta.

Os efeitos desse cenário seriam aliviados por políticas de redistribuição de renda. O instinto nos diz que quando a desigualdade cresce, crescem também as demandas políticas por redistribuição, seja por meio de impostos e transferências ou serviços sociais: essa crença é o pilar da economia política. Mas as provas empíricas a favor dessa teoria são, na melhor hipótese, duvidosas: na verdade, a pergunta "Por que os pobres não tomam dos ricos?" é uma fonte de perplexidade constante, com respostas desencontradas.[4] A ideia, nem tão nova assim, que surge em vários países é a de uma renda universal mínima, "cidadã". Precisamos criar uma visão do tempo sem trabalho não em termos de desemprego, mas como uma libertação de atividades desnecessárias, algumas delas realmente penosas. Porém, ainda que seja viável num nível decente, a renda universal pode não ser o bastante para superar a formação de guetos: o círculo vicioso da segregação habitacional, das escolas ruins, do desemprego e do crime. Uma vez formados os guetos, favelas, *villes* ou *barrios*, todas as políticas parecem incapazes de acabar com eles. A direita não sabe o que fazer, nem a esquerda. Nessa hipótese, portanto, não apenas a desigualdade mas também a segregação racial estão aqui para ficar, e talvez aumentar.

O leque de possíveis futuros econômicos é vasto, indo desde a probabilidade de que a crise desapareça convenientemente até um cenário onde ela seria ainda mais profunda, sem uma redistribuição através do sistema político. Como minha descrição dessas hipóteses talvez revele, eu me inclino na direção do cenário pessimista, mas pode ser que coisas que estão acontecendo agora nos Estados Unidos, onde o governo enverada por um grande programa de aumento da desigualdade e redução da proteção da renda, estejam encobrindo minhas visões num plano maior. Com certeza algumas sociedades na Europa são mais avessas à desigualdade, e vários governos europeus mais atentos aos seus perigos. Repasso portanto ao leitor a tarefa de decidir onde, nesse leque de possibilidades, está o futuro.

No domínio da política, tanto os partidos insurgentes de esquerda quanto os de direita são populistas. Eles alegam que as instituições tradicionais atendem os interesses das elites e não dão voz suficiente para "o povo". Ainda que a palavra "populismo" só tenha aparecido no fim do século XIX, esses argumentos são tão velhos quanto as instituições representativas. Para os antifederalistas, a "aristocracia política" já era um perigo tão grande quanto a aristocracia social. Eles temiam que, sendo os governantes diferentes dos governados, "a corrupção e a tirania serão desenfreadas, como sempre foi quando os que exerciam o poder não se sentiam ligados ao povo. Isso seria verdade, além do mais, para os representantes eleitos, bem como para reis, nobres e bispos".[5] Eles se preocupavam, então, com a duração e os limites dos mandatos (que chegou a ser de apenas seis meses em Nova Jersey), com restrições à prerrogativa dos representantes de determinar os próprios salários e com procedimentos de revogação e censura — medidas quase iguais às propostas pelo presidente Macron na França.

A democracia representativa, o sistema político inaugurado pelas Revoluções Americana e Francesa e aos poucos adotado no mundo todo, enfrenta repetidamente e com frequência uma intensa insatisfação. Parte dela vem das características intrínsecas de qualquer sistema em que as pessoas decidem, como coletividade, quem as governará — as limitações da democracia representativa que são inevitáveis, apesar de desagradáveis. Mas outra parte vem de patologias do sistema de instituições representativas.

Um equívoco comum sobre como a democracia funciona é a ideia de que as eleições não são realmente uma escolha. Os partidos oferecem "Tweedledum e Tweedledee", *"bonnet blanc et blanc bonnet*", "o roto e o esfarrapado". Os irmãos Cohn-Bendit viam as eleições como uma escolha entre "gim e tônica e tônica e gim",[6] o jornalista Friedman entre "Pepsi e Coca".[7] É claro que as pessoas só podem escolher entre as propostas oferecidas pelos partidos; nem todos os programas políticos imagináveis são representados numa disputa eleitoral. As alternativas disponíveis são mais limitadas em sistemas nos quais formar novos partidos é quase impossível, como nos Estados Unidos, ou onde os dois maiores partidos formam grandes coalizões. Mas o simples fato de que os cidadãos dispõem de poucas opções na hora de votar não significa que as pessoas, como coletividade, não escolham. O que os partidos propõem nas campanhas é o que acreditam que tem maior chance de levá-los à vitória, e o que tem maior chance de levá-los à vitória é o que a maioria das pessoas quer. Contudo, se sabem exatamente o que as pessoas querem, os partidos vão oferecer os mesmos programas e os indivíduos não terão muita escolha nas urnas; as plataformas eleitorais se diferenciam apenas na medida da incerteza dos partidos com relação a preferências individuais. No entanto, se a maioria ou mais pessoas quisessem outra coisa, os partidos ofereceriam outra coisa; os programas continuariam próximos do centro da opinião pública, mas seriam diferentes. Portanto, os cidadãos, como coletividade, escolhem, mesmo que os indivíduos disponham de poucas alternativas quando depositam o seu voto.

Outra fonte de insatisfação é que nas eleições ninguém decide nada sozinho, criando um sentimento de inutilidade. As pessoas, quando fazem escolhas particulares, provocam resultados. Mas, do ponto de vista individual, o resultado de uma eleição independe de sua participação. Ninguém pode dizer "votei em A, portanto A venceu"; o máximo que cada um pode fazer é depositar o seu voto, ir para casa e aguardar com impaciência para ver como todos os outros votaram. Quando decisões coletivas são tomadas usando-se uma regra de maioria simples por muitos indivíduos com igual influência sobre o resultado, nenhum deles tem efeito causal sobre a decisão coletiva. O valor das eleições está não no fato de cada eleitor ter influência real sobre o resultado, mas no fato de a escolha de todos ser feita pela soma de vontades individuais. Mesmo assim, ainda que valorizem as eleições como um mecanismo de decisão coletiva, as pessoas ainda se sentem politicamente inúteis como indivíduos.

Na raiz dos recorrentes surtos de insatisfação com as instituições representativas está uma coisa ainda mais profunda. A democracia é um sistema no qual pessoas decidem, como coletividade, quem vai governá-las pelo menos por um período. Mas mesmo que os governantes sejam escolhidos por eleições, nós somos governados, o que significa que às vezes somos proibidos de fazer o que queremos e obrigados a fazer o que não queremos. O ideal que justificou a fundação das instituições representativas modernas foi o "governo do povo pelo povo". A questão a ser resolvida, tal como formulada por Rousseau, era "descobrir uma forma de associação que defenda e proteja com toda a força compartilhada a pessoa e os bens de cada associado, e pela qual cada um, unindo-se a todos, ainda obedeça apenas a si mesmo, permanecendo tão livre quanto antes".[8] Mas esse problema só teria solução se todo mundo quisesse a mesma coisa; apenas nesse caso obedecer aos outros seria como obedecer a si próprio. Numa sociedade com interesses conflitantes e valores heterogêneos, ser governado significa ter que ceder à vontade dos demais, muitas vezes contra o que você realmente gostaria. Governos democraticamente eleitos podem tirar dinheiro de uns e dar a outros, obrigar pais a vacinarem os filhos, confinar pessoas em prisões e, em alguns países mais inclementes, até matá-las. Não admira que ninguém queira ser governado, ainda que para vivermos juntos precisemos disso.

Essas fontes de insatisfação com a democracia representativa se devem apenas aos limites naturais que devem ser impostos para que as pessoas vivam juntas em paz. A democracia talvez ainda seja, e acho que é,[9] a maneira menos pior de organizarmos nossa vida como coletividade, mas todo arranjo político enfrenta limites com relação ao que é capaz de alcançar. É natural que essa insatisfação latente venha à tona quando a democracia deixa de dar às pessoas o que elas consideram mais importante, seja segurança material, ordem pública ou implementação de valores e normas culturais. Há razões para esperar que opiniões sobre a democracia estejam condicionadas a resultados e que a democracia pode passar por crises.

Isso não explica, porém, a popularidade atual da retórica populista "antielite", "antiestablishment", "antissistema". O slogan de partidos insurgentes em toda parte ecoa o grito das ruas argentinas durante a crise de 2001: *"Fuera todos"*. Uma interpretação mordaz diria que isso é apenas um instrumento usado por pessoas que não pertencem a nenhum partido tradicional para abrir caminho até o governo, substituindo os que sempre estiveram lá. Mas não é verdade que as instituições representativas, tal como foram projetadas, favorecem os interesses das elites? Há uma inconsistência em recriminar tanto a desigualdade e ao mesmo tempo reclamar da crítica populista às instituições.

Nossos sistemas de governo nasceram do medo de que as massas da população, em grande parte pobre e analfabeta, participassem. Não estaríamos muito longe da verdade se imaginássemos que o problema estratégico dos "fundadores", em quase todos os lugares, era como construir governos que representassem as elites e ao mesmo tempo os protegessem dos pobres. Embora devessem ser escolhidos por eleições, o papel dessas eleições era o de ratificar a superioridade dos que estavam habilitados para governar graças à sua posição social e econômica. Criadas à sombra de conflitos religiosos e econômicos, as instituições representativas destinavam-se a barrar, ou pelo menos reduzir ao mínimo, a voz do povo entre as votações, tratando todas as "organizações intermediárias" — clubes, associações, sindicatos e mesmo partidos políticos — como um perigo para a paz civil. Concebidas como um bastião contra o despotismo, elas foram projetadas para impedir os governos de fazer muitas coisas, boas ou ruins, freando e equilibrando os poderes, e protegendo o statu quo da vontade da maioria. Ensinava-se aos pobres que seus interesses seriam representados pelos ricos, às mulheres que seu bem-estar seria protegido pelos homens, aos "não civilizados" que precisavam ser guiados pelos colonizadores. Quando o medo de perder a propriedade se instaurou, autonomia, igualdade e liberdade foram aparelhadas com elaboradas construções intelectuais para torná-las compatíveis com o governo dos poucos. Não se podia confiar no povo porque o povo pode "errar": James Madison disse isso, Simón Bolívar disse isso, e também Henry Kissinger, ao declarar que o presidente Allende foi eleito "devido à irresponsabilidade do povo chileno".

As formas peculiares de nossas instituições democráticas foram projetadas para proteger o statu quo — fosse ele qual fosse, mas principalmente as relações de propriedade contra maiorias passageiras. O bicameralismo e o poder de veto presidencial significavam que o statu quo só poderia ser alterado por supermaiorias. Restrições ao direito de voto, o voto aberto e as eleições indiretas protegiam a influência política das elites. Essas trincheiras que resguardavam a propriedade foram vencidas aos poucos: o voto se tornou universal, a votação secreta, as eleições diretas, os Legislativos mais frequentemente unicamerais. Mas elas foram substituídas por novos mecanismos antimajoritários: revisão judicial,[10] delegação da política monetária a bancos centrais não eleitos[11] e órgãos reguladores independentes. O Tratado de Maastricht, de 1992, restringindo os déficits anuais a não mais de 3% do PIB, negou aos governos europeus a possibilidade de adotar políticas econômicas anticíclicas e impôs limites aos gastos sociais.

Mesmo sem essas trincheiras institucionais, eleições são por natureza um mecanismo elitista, "aristocrático", como diria Manin.[12] Eleitores reconhecem que nem todo mundo está igualmente preparado para governar e elegem pessoas que de alguma forma lhes parecem melhores. Eles têm a liberdade de interpretar as qualidades que quiserem como sinais dessa capacidade, mas quase todos querem votar em pessoas diferentes de si mesmos. O resultado é que nenhum país consegue formar uma composição de órgãos eleitorais que se pareça, um pouco que seja, com a composição do eleitorado. O Senado dos Estados Unidos, por exemplo, é um clube de milionários. Talvez mais ironicamente ainda, as eleições legislativas francesas de 2017, das quais saiu vitorioso um partido que fez campanha com slogans contra as elites, geraram um parlamento ainda mais elitista, em termos de nível de escolaridade e renda, do que o anterior.

Quando o filósofo italiano Norberto Bobbio analisou as diferenças entre democracias e ditaduras, tudo que lhe ocorreu foi fazer uma distinção entre sistemas nos quais "as elites se propõem e as elites se impõem".[13] Mas o povo não tem poder num sistema governado pelas elites. Não admira, portanto, que propostas de reformas institucionais que tornem a "voz do povo" mais alta e medidas de "democracia direta" dominem a agenda institucional populista. Algumas dessas propostas remetem às demandas antifederalistas já mencionadas: mandatos curtos, com limite de duração, possível revogação de mandatos, redução dos salários dos legisladores e limitação da circulação entre os setores público e privado. Nos Estados Unidos, as medidas mais óbvias são as eleições diretas para presidente e a transferência do desenho dos distritos eleitorais, que passou dos legislativos estaduais para órgãos independentes. Na Europa, essas propostas vão desde as mais estúpidas, como a "democracia por pesquisa", defendida pelo partido Cinco Estrelas (Cinque Strelle) na Itália, até um aumento excessivo no número de referendos de iniciativa popular e a convocação de "paralegislaturas" (órgãos formados por cidadãos selecionados ao acaso para examinar determinadas propostas legislativas, mas sem autoridade para aprovar leis). Particularmente interessante é um projeto surgido nas últimas eleições francesas, segundo o qual os eleitores poderiam votar na opção "nenhuma das alternativas" (*vote en blanc*), e se esses votos conseguissem uma maioria simples outra eleição seria convocada, sem que nenhum dos candidatos anteriores pudesse participar. Imagine o que teria saído disso nas eleições presidenciais norte-americanas de 2016: muito provavelmente, nem Trump nem Clinton.

Ainda assim, por mais fundamentada que seja a insatisfação populista com as instituições representativas, essas medidas não passam de paliativos. Podem restaurar por algum tempo a confiança nas instituições democráticas, mas lutam contra o inevitável: o fato de que cada um de nós precisa ser governado por outra pessoa, e ser governado envolve políticas e leis que não apoiamos. Há gradações — alguns quadros institucionais produzem uma representação melhor do que outros —, mas no fim das contas, como observou J. S. Mill, não é possível que todos governem ao mesmo tempo.[14] Ainda que algumas reformas institucionais surjam da crise atual, tenho a impressão de que não devem mudar muita coisa.

A Europa é um tópico à parte. Tanto a União Europeia como a zona do euro oferecem alvos atraentes para os populistas. Uma das razões é que não existe a figura do súdito, não há "o povo", no singular, a ser representado. Além disso, elas estão ainda mais distantes da população do que seus respectivos governos. A crítica de que são comandadas por estrangeiros, quase sempre significando elites "alemãs", procede. Assim, as propostas de isolamento e protecionismo encontram seu apelo.

Sou mais otimista com relação à ameaça eleitoral da extrema direita. Embora muitos partidos tradicionais já estejam abraçando os sentimentos anti-imigração, não há uma vitória da direita radical no horizonte da maioria dos países europeus. A direita radical parece ter um núcleo duro de apoiadores em torno de um quarto do eleitorado na maior parte das democracias desenvolvidas. Trump só venceu porque conseguiu assumir o controle de um partido tradicional, e muita gente votou nele porque odiava os Clinton, e não por causa da sua personalidade ou do seu programa de governo. Meu palpite é que o gênio saiu da garrafa e já cresceu o que tinha de crescer.

Mas duvido que políticas contra a imigração, sejam elas de iniciativa de partidos de extrema direita no governo ou de partidos de centro respondendo à ameaça que ela representa, venham a apaziguar quem quer que seja. Embora a direita empregue a linguagem da "soberania nacional" e faça campanhas a favor do controle do fluxo atual de pessoas cruzando fronteiras, essas medidas não terão qualquer efeito sobre os conflitos étnicos, culturais e religiosos que dividem as sociedades. As origens desses conflitos não estão nas fronteiras, mas entranhadas no tecido social. Além do mais, a polarização já atingiu a unidade básica da estrutura social: a família. Em 1960, 5% de simpatizantes dos republicanos e 4% de simpatizantes dos democratas ficariam contrariados se seus filhos se casassem com pessoas do outro partido, enquanto em 2010 essas percentagens eram de 49% para os republicanos e 33% para os democratas. A polarização política tem raízes profundas e não vai desaparecer por causa de acontecimentos políticos fortuitos.

Embora sejam apenas especulações, vamos supor que nada mais mude no futuro próximo: o crescimento é lento, a desigualdade e a segregação persistem, os bons empregos continuam encolhendo e os partidos tradicionais assumem sentimentos anti-imigração, ao mesmo tempo que lidam com a desigualdade e a segregação usando o mesmo velho repertório de políticas. Esse cenário ameaça a democracia?

O perigo é que a democracia se deteriore gradual e sub-repticiamente. Refiro-me ao perigo de que os governantes intimidem a mídia de oposição e criem uma máquina de propaganda própria; de que politizem as agências de segurança, persigam adversários políticos, usem o poder do Estado para recompensar empresas que lhes são simpáticas, apliquem a lei de maneira seletiva, provoquem conflitos externos para explorar o medo e fraudem eleições. O risco nos países onde a direita radical não chega ao poder é que os governos cedam demais no acolhimento de demandas nativistas e racistas e restrinjam liberdades civis sem melhorar as condições materiais das pessoas mais insatisfeitas com o statu quo.

Não devemos então ficar desesperados, mas também não é nada animador. Alguma coisa muito profunda está acontecendo. Talvez o melhor diagnóstico da situação atual em muitas democracias seja "partidarismo intenso com partidos fracos".[15] Eleições democráticas só processam conflitos de maneira pacífica quando os partidos conseguem estruturar os conflitos e conduzir as ações políticas visando as eleições. Instituições representativas só absorvem conflitos se todos tiverem o direito de participar dessas instituições, se os conflitos forem estruturados por partidos políticos, se os partidos tiverem a capacidade de controlar seus correligionários e se essas organizações forem incentivadas a buscar seus interesses através do sistema representativo. Meu medo é que nem o governo de Trump, nem o Brexit, nem os governos que serão eleitos no continente europeu melhorem a vida da maioria das pessoas, o que servirá apenas para fortalecer sentimentos "antiestablishment" ou "antissistema". Numa eleição comum, a cada dois eleitores um acaba do lado perdedor. Nos sistemas presidenciais o vitorioso não costuma ficar com mais de 50% dos votos, e nos sistemas parlamentares multipartidários a maior fatia dificilmente ultrapassa os 40%. Fora isso, muita gente que vota nos vitoriosos fica horrorizada com o seu desempenho no cargo. Portanto, a maioria de nós se sente desapontada, seja com o resultado ou com o comportamento de quem venceu. Ainda assim, eleição após eleição, esperamos que nosso candidato ganhe da próxima vez e não nos decepcione. Diante disso, é natural que quando participam de sucessivas eleições, veem o governo mudar e se dão conta de que sua vida continua a mesma, as pessoas passem a achar que tem alguma coisa errada com "o sistema" ou com "o establishment".

Como diz o provérbio polonês: "O pessimista é apenas o otimista bem informado". Sou comedidamente pessimista com relação ao futuro. Não acredito que a sobrevivência da democracia esteja em jogo na maioria dos países, mas não vejo nada que possa acabar com o nosso descontentamento atual. Ele não será aliviado por acontecimentos políticos ocasionais, ou pelos resultados de eleições futuras. A crise não é apenas política; tem raízes profundas na economia e na sociedade. É o que me parece mais assustador.

Notas

1. Prefácio à edição brasileira (pp.11-20)

1. Przeworski, 2014.
2. Disponível em: <https://www.americasquarterly.org/content/system-failure-behind-risejair-bolsonaro>.
3. Shumpeter, 1942.
4. Acemoglu, Robinson e Torbik, 2013.
5. Luo e Przeworski, 2019.
6. Huq e Ginsburg, 2018, p. 17.
7. Montesquieu, 1995, p. 326.
8. Madison, *Federalista*, n. 51.
9. Montesquieu, 1995, p. 19.
10. Weingast, 1997, 2015.
11. Fearon, 2011.
12. Madison, *Federalista*, n. 48.

Introdução (pp.25-47)

1. Gramsci, 1971, pp. 275-6.
2. Graf e Jarausch, 2017.
3. Skinner, 1973, p. 303.
4. Rosanvallon, 2009.
5. Mill, 1977, p. 99.
6. Ginsburg e Huq, 2018a.
7. Schumpeter, 1942; Popper; 1962; Bobbio, 1987.
8. Dahl, 1971.
9. Gargarella, 2003.
10. McGann, 2006.
11. Dixit, Grossman e Gull, 2000, p. 533.

12. Sanchez-Cuenca, 2003, p. 62.
13. Forejohn e Pasquino, 2003.
14. Dixit, Grossman e Gull, op. cit., p. 533.
15. Zakaria, 1997.
16. Para uma versão técnica desse argumento, ver Przeworski, Rivero e Xi, 2015.
17. Schumpeter, op. cit., capítulo 23, seção 2.
18. Marx, 1979, pp. 43-4.
19. Bruno e Sachs, 1985.
20. Michal Kalecki, 1972.
21. Habermas, 1973, p. 49.
22. Linz, 1978, p. 54.
23. Acemoglu e Robinson, 2000.
24. Varol, 2015.
25. Schedler, 2006.
26. Levitsky e Way, 2010.
27. Zakaria, op. cit.
28. Karl, 1995; Diamond, 2002.
29. Macaulay, 1900, p. 263.
30. Marx, 1952, p. 62.
31. Marx, 1934, p. 18.
32. Marx, 1971, p. 198.
33. Przeworski, 1986.
34. King e Zheng, 2007.

Parte I — O passado: crises da democracia (pp.49-53)

1. Alvarez et al., 1996.
2. Magaloni, 2017.

1. Tendências gerais (pp.55-64)

1. Lindvall, 2014.
2. Przeworski e Limongi, 1997.
3. Maddison, 2011.
4. Cheibub, 2007, capítulo 6.

5. Wilson, 2017.
6. Cornell, Møller e Skaaning, 2017.
7. Przeworski, 2015.

2. Algumas histórias (pp.65-103)

1. Jung, 2011, p. 31.
2. Atkinson, Piketty e Saez, 2011.
3. Dimsdale, Horsewood e Van Riel, 2004, Figura 1.
4. Sontheimer, 1966.
5. Flechtheim, 1966.
6. Haffner, 2002, p. 57.
7. Lepsius, 1978, p. 41.
8. Ibid., p. 44; ver também Carr, 1969, p. 336.
9. Esta seção baseia-se em Schumann, 2009.
10. Evans, 2003, edição Kindle, posição 1707-11.
11. Carr, op. cit., p. 351.
12. Evans, op. cit., edição Kindle, posição 5211-6.
13. Carr, op. cit., p. 337.
14. King et al., 2008.
15. Delmer 1972, p. 95.
16. Bracher, 1966, p. 119.
17. Evans, op. cit., edição Kindle, posição 5328-30.
18. Ermakoff, 2008.
19. *Frankfurter Zeitung*, apud Turner, 1985, p. 313.
20. Carr, op. cit., p. 352.
21. Delmer, op. cit., p. 117.
22. Franz von Papen, apud Bracher, op. cit., p. 120.
23. Prothro e Chaparro, 1976, p. 73.
24. Navia e Osorio, 2017.
25. Prothro e Chaparro, op. cit., p. 87.
26. UNU-WIDER, 2014.
27. Lambrecht, 2011.
28. Corvalan, 2003.
29. Sobre divergências com a esquerda, ver Yocelevzky, 2002, capítulo 2.
30. Resolução do Partido Socialista adotada em La Serena em janeiro de 1971; Altamirano, 1979, p. 19.

31. Ver Odeplan, 1971.
32. Martner, 1988.
33. Para detalhes, ver De Vylder, 1974, capítulo 6.
34. Navia e Osorio, op. cit.
35. A cronologia nesta seção é baseada principalmente em *Los mil días de Allende*.
36. Landsberger e McDaniel, 1976.
37. Martner, op. cit.
38. Bitar e Pizarro, sem data.
39. Prothro e Chaparro, op. cit., pp. 102 e 104.
40. Hutchison, Klubock e Milanich, 2013, p. 348.
41. Hjalmar Branting, apud Tingsten, 1973, p. 361.
42. August Bebel, apud Schorske, 1955, p. 43.
43. Bon, 1978, p. 68.
44. Denquin, 1988, p. 88.
45. Charles de Gaulle, apud Denquin, op. cit., p. 171.
46. Ageron, 1976.
47. Droz e Lever, 1991, pp. 296-313.
48. Denquin, op. cit., p. 150.
49. Le Gac, Oliver e Spina, 2015, p. 524.

3. Lições da história: o que procurar (pp.104-6)

1. Alon, 2002, p. 11.
2. Stern, 1966, p. xvii.

4. Os sinais (pp.111-30)

1. Ver Maravall, 2016.
2. Piketty, 2018.
3. Mudde, 2004, p. 543.
4. Rooduijn e Akkerman, 2017.
5. Pasquino, 2008.
6. Canovan, 2002.
7. Iversflaten, 2005.
8. Guiso et al., 2017; Rodrik, 2017.

9. Disponível em: <www.leparisien.fr/elections/presidentielle>.
10. Arzheimer, 2013.
11. Golder, 2016.
12. Armingeon et al., 2016.
13. Ibid.
14. Guiso et al., op. cit.
15. Sobre questões gerais que dizem respeito a bidimensionalidade e estratégias partidárias na presença de uma segunda dimensão, ver a edição especial de *Party Politics* (2015, v. 21, n. 6), com introdução de Elias, Szocsik e Zuber (2015).
16. Lipset, 1960.
17. Albright, 2010, p. 714.
18. Huber e Inglehart, 1995; Wagner, 2012.
19. Inglehart e Flanagan, 1987.
20. Kitschelt, 1994; Kriesi et al., 2006; Marks et al., 2006.
21. Brady, Ferejohn e Papano, 2017.
22. Ibid.
23. Dancygier, 2017.
24. Hastings, 2018.
25. Cautres, 2018.
26. Teinturier, 2018, p. 65.
27. Todos esses números são de Teinturier, op. cit.
28. Foucault, 2018.
29. Piketty, op. cit.
30. Baseado em Foucault, op. cit.
31. Piketty, op. cit., pp. 26-7.
32. Foa e Mounk, 2016.
33. Para um debate sobre Foa e Mounk, ver: <https://www.journalofdemocracy.org/online-exchange-democratic-deconsolidation>.
34. Armingeon e Guthman, 2014.
35. Weakliem, 2016.
36. Ibid., com base em dados do Gallup.
37. Navia e Osorio, 2018.

5. Possíveis causas (pp.131-49)

1. Chetty et al., 2016.
2. Autor et al., 2013; ver também Acemoglu et al., 2016.

3. Rothwell, 2017.
4. Rothwell e Diego-Rosell, 2016.
5. Miao, 2016.
6. Helpman, 2016.
7. Rodrik, 2017.
8. Dunn, 2000.
9. Esteban e Ray, 1994.
10. Medina, 2015, Figura 1.
11. Moral e Best, 2018.
12. Spoon e Kluwer, 2015.
13. Pew Research Center, 2015.
14. Michaels, 2007, p. 3.
15. Rosanvallon, 2004.
16. Michaels, op. cit.
17. Chen e Rohla, 2018.
18. Lewandowsky, Ecker e Cook, 2017.
19. Ibid., p. 355.
20. Ibid., pp. 361-2.
21. Meeuwis et al., 2018.
22. Acherbach e Clement, 2016.
23. NBC, 2017.
24. SPLC, 2016.
25. Human Rights Brief, 2017.
26. Franceinfo, 2017.
27. Moral e Best, op. cit.

6. Onde buscar explicações? (pp.150-9)

1. Case e Deaton, 2017.
2. Kates e Tucker, 2017, pp. 1-2.
3. Dancygier e Laitin, 2014.
4. Brady, Ferejohn e Paparo, 2017.
5. Stokes, 2001; Maravall e Przeworski, 2001.
6. Autor et al., 2017.
7. Colantone e Staning, 2017, p. 1.
8. Guiso et al., 2017.
9. Margalit, 2013; Ayta, Bau e Stokes, 2017.

10. Rothwell e Diego-Rosell, 2016.
11. Minkenberg, 2000, p. 187.
12. Kates e Tucker, op. cit., p. 3.
13. Fossati, 2014.
14. Andrews, Jilke e Van de Walle, 2014.
15. Ivarsflaten, 2008.
16. Dancygier, 2010.
17. Inglehart e Norris, 2016.
18. Hainmueller e Hopkins, 2014, p. 227.
19. Lee e Roemer, 2006.
20. Hainmueller e Hopkins, op. cit.
21. McCarty, Poole e Rosenthal, 2016.
22. Ipsos/Mori, 2013.
23. Elsterl, 1998.
24. Golder, 2016.

7. O que pode ser inédito? (pp.160-8)

1. Maddison, 2011.
2. Capoccia, 2005.
3. Lênin, 1919.
4. Cassese, 2011.
5. Disponível em: <www.youtube.com/watch?v=vST61W4bGm8>.
6. Schumpeter, 1942.
7. Chetty et al., 2016.
8. Ignazi, 1992, 2003; Arzheimer, 2013.

8. Como a democracia funciona (pp.173-99)

1. Pew Research Center, 2018.
2. Downs, 1957.
3. Medina, 2015, Figura 1.
4. Lipset, 1950.
5. Coser, 1964.
6. Pizzorno, 1964.
7. Ostrogorskij, 1981.

8. Smulovitz, 2003.
9. John McGurk, apud Miliband, 1975, p. 69.
10. Buchanan e Tullock, 1962; Calvert, 1994.
11. Sanchez-Cuenca, 2003, pp. 78-9.
12. Bracher, 1966, p. 119.
13. Przeworski, Rivero e Xi, 2015.
14. O'Donnell, 1994.
15. Lippman, 1956.
16. Schumpeter, 1942.
17. Manin, 1997, 2017.
18. Hofstadter, 1967, p. 7
19. BBC News.
20. Saiegh, 2009.
21. A classificação de regimes de Saiegh se baseia em Alvarez et al., 1996.
22. Linz, 1978, p. 57.

9. Subversão sub-reptícia (pp.200-18)

1. Ginsburg e Huq, 2018a, p. 17.
2. Lust e Waldner, 2015, p. 7.
3. Para o que recomendo Maeda, 2010; Svolik, 2015; Graham, Miller e Strøm, 2017.
4. Ginsburg e Huq, 2018b, p. 91.
5. Ver Bracher, 1966, p. 119.
6. Montesquieu, 1995, p. 326.
7. Madison, *Federalista*, n. 51.
8. Dunn, 2004, pp. 47-61.
9. Landau, 2013, pp. 192-3.
10. Strauss, 2018, pp. 365-6.
11. Sadurski, 2018, p. 5.
12. Varol, 2015.
13. Sadurski, op. cit., p. 6.
14. Ginsburg e Huq, 2018a.
15. Bermeo, 2016, p. 14.
16. @realDonaldTrump, 4 jun. 2018, 16h01.
17. Mikhail Leontiev em entrevista para o jornal polonês *Dziennik*, 19 jan. 2008.

18. Ferejohn e Pasquino, 2003.
19. Landau, op. cit., p. 195.
20. Ginsburg e Huq, 2018b, p. 188.
21. Bright Line Watch, 2018.
22. Svolik, 2017; Graham e Svolik, 2018.
23. Akerlof, 1991.
24. Sheppele, 2013.
25. Austen-Smith, 1992.
26. Shadmehr e Berhardt, 2011.
27. Kantar Public, 2018.
28. Montesquieu, 1995, livro 19, capítulo 19; Weingast, 1997, 2015; Fearon, 2011.
29. In: Stone, 2018, p. 491.
30. Ginsburg e Huq, 2018b, p. 6.
31. Apud Goldsmith, 2018, p. 106.
32. Apud Minow, 2018, p. 321.

10. O que pode ou não acontecer? (pp.219-33)

1. Adolf Hitler, apud Linz, 1978, pp. 53-4.
2. McKinsey Global Institute, 2017.
3. Ver Brunjolfsson, Rock e Syverson, 2017.
4. Para um panorama geral dessa literatura, ver: Putterman, 1996; Roemer, 1998; Harms e Zink, 2003; Lind, 2005; Ansell e Samuels, 2010; e Acemoglu et al., 2015.
5. Ketcham, 1986, p. 18.
6. Cohn-Bendit, 1968.
7. Friedman, 2001.
8. Rousseau, 1964, p. 182.
9. Ver Przeworski, 2010.
10. Ginsburg e Versteeg, 2012.
11. Cukierman, Edwards e Tabellini, 1991.
12. Manin, 1997.
13. Bobbio, 1987.
14. Mill, 1910.
15. Azari, 2016.

Referências bibliográficas

ACEMOGLU, Daron; ROBINSON, James. "Why Did the West Extend the Franchise? Democracy, Inequality, and Growth in Historical Perspective". *Quarterly Journal of Economics*, v. 115, pp. 1167-99, 2000.

ACEMOGLU, Daron; ROBINSON, James A.; TORBIK, Ragnar. "Why do Voters Dismantle Checks and Balances?". *Review of Economic Studies*, v. 80, pp. 845-75, 2013.

ACEMOGLU, Daron; NAIDU, Suresh; RESTREPO, Pascual; ROBINSON, James A. "Democracy, Redistribution, and Inequality". In: ATKINSON, Anthony; BOURGUIGNON, François (Orgs.). *Handbook of Income Distribution*, v. 2. Amsterdã: Elsevier, 2015. pp. 1886-966.

ACEMOGLU, Daron; AUTOR, David; DORN, David; HANSON, Gordon H.; PRICE, Brendan. "Import Competition and the Great United States Employment Sag of the 2000s". *Journal of Labor Economics*, v. 34, n. S1, pp. S141-S198, 2016.

ACHERBACH, Joel; CLEMENT, Scott. "America Really is More Divided than Ever". *Washington Post*, 16 jul. 2016.

AGERON, Charles-Robert. "L'opinion française devant la guerre d'Algérie". *Revue française d'outre mer*, v. 231, pp. 256-85, 1976.

AKERLOF, George A. "Procrastination and Obedience". *American Economic Review*, v. 81, pp. 1-19, 1991.

ALBRIGHT, Jeremy. "The Multidimensional Nature of Party Competition". *Party Politics*, v. 16, pp. 699-719, 2010.

ALON, Amos. *The Pity of It All: Portrait of the German-Jewish Epoch, 1743-1933*. Nova York: Picador, 2002.

ALTAMIRANO, Carlos. *Chili: les raisons d'une défaite*. Paris: Flammarion, 1979.

ALVAREZ, Michael; CHEIBUB, José Antonio; LIMONGI, Fernando; PRZEWORSKI, Adam. "Classifying Political Regimes for the ACLP Data Set". *Studies in International Political Development*, v. 31, pp. 3-36, 1996.

ANDREWS, Rhys; JILKE, Sebastian; DE WALLE, Steven Van. "Economic Strain and Perceptions of Social Cohesion in Europe: Does Institutional Trust Matter?". *European Journal of Political Research*, v. 53, pp. 559-79, 2014.

ANSELL, Christopher; SAMUELS, David. "Democracy and Redistribution, 1880-1930: Reassessing the Evidence". Texto apresentado na Reunião Anual da Associação Americana de Ciência Política, Washington, DC, 2010.

ARMINGEON, Klaus; GUTHMANN, Kai. "Democracy in Crisis? The Declining Support for National Democracy in European Countries, 2007-2011". *European Journal of Political Research*, v. 53, pp. 424-42, 2014.

ARMINGEON, Klaus; ISLER, Christian; KNÖPFEL, Laura; WEISSTANNER, David; ENGLER, Sarah. Comparative Political Data Set. 1960-2014. 2016. Disponível em: <www.cpds-data.org>.

ARZHEIMER, Kai. "Working Class Parties 2.0? Competition Between Centre Left and Extreme Right Parties". In: RYDREN, Jens (Org.). *Class Politics and the Radical Right*. Londres, Nova York: Routledge, 2013. pp. 75-90.

ATKINSON, Anthony B.; PIKETTY, Thomas; SAEZ, Emmanuel. "Top Incomes in the Long Run of History". *Journal of Economic Literature*, v. 49, pp. 3-71, 2011.

AUSTEN-SMITH, David. "Strategic Models of Talk in Political Decision Making". *International Political Science Review*, v. 13, pp. 45-58, 1992.

AUTOR, David; DORN, David; HANSON, Gordon H. "The China Syndrome: Local Labor Market Effects of Import Competition in the United States". *American Economic Review*, v. 103, pp. 2121-68, 2013.

AUTOR, David; DORN, David; HANSON, Gordon H.; MAJLESI, Kaveh. "A Note on the Effect of Rising Trade Exposure on the 2016 Presidential Election". Apêndice de Autor et al. "Importing Political Polarization? The Electoral Consequences of Rising Trade Exposure". 2017. Versão preliminar.

AYTA, Selim Erdem; RAU, Eli; STOKES, Susan. "Unemployment and Turnout". Departamento de Política, Universidade Yale, 2017. Versão preliminar.

AZARI, Julia. "Weak Parties with Strong Partisanship Are a Bad Combination". 3 nov. 2016. Disponível em: <www.vox.com>.

BANKS, Arthur S. Cross-National Time-Series Data Archive. Databanks International, 1996.

BERMEO, Nancy. "On Democratic Backsliding". *Journal of Democracy*, v. 27, n. 1, pp. 5-19, 2016.

BITAR, Sergio; PIZARRO, Crisostomo. *La Caida de Allende y la Huelga de el Teniente*. Santiago: Las Ediciones del Ornitorrinco, sem data.

BOBBIO, Norberto. *Democracy and Dictatorship*. Minneapolis: University of Minnesota Press, 1987.

BOIX, Carles; MILLER, Michael; ROSATO, Sebastian. "A Complete Data Set of Political Regimes, 1800-2007". *Comparative Political Studies*, v. 46, pp. 1523-54, 2012.

BON, Frederic. *Les élections en France*. Paris: Seuil, 1978.

BRACHER, Karl Dietrich. "The Technique of the National Socialist Seizure of Power". In: STERN, Fritz (Org.). *The Path to Dictatorship 1918-1933: Ten Essays by German Scholars*. Garden City, NY: Anchor Books, 1966. pp. 113-32.

BRADY, David; FEREJOHN, John; PAPARO, Aldo. "Immigration and Politics: a Seven Nation Study". 2017. Versão preliminar.

BRIGHT LINE WATCH. "Wave 5". Abr. 2018. Disponível em: <brightlinewatch.org/wave5>.

BRUNO, Michael; SACHS, Jeffrey. *Economics of Worldwide Stagflation*. Cambridge, MA: Harvard University Press, 1985.

BRYNJOLFSSON, Erik; ROCK, Daniel; SYVERSON, Chad. "Artificial Intelligence and the Modern Productivity Paradox: A Clash of Expectations and Statistics". 2017. Versão preliminar.

BUCHANAN, James M.; TULLOCK, Gordon. *The Calculus of Consent: Logical Foundations of Constitutional Democracy*. Ann Arbor: University of Michigan Press, 1962.

CALVERT, Randall. "Rational Actors, Equilibrium, and Social Institutions". In: KNIGHT, J.; SENED, I. (Orgs.). *Explaining Social Institutions*. Ann Arbor: University of Michigan Press, 1994.

CANOVAN, Margaret. "Taking Politics to the People: Populism as the Ideology of Democracy". In: MENY, Yves; SUREL, Yves (Orgs.). *Democracies and the Populist Challenge*. Nova York: Palgrave, 2002. pp. 25-44.

CAPOCCIA, Giovanni. *Defending Democracy: Reactions of Extremism in Interwar Europe*. Baltimore: Johns Hopkins University Press, 2005.

CARR, William. *The History of Germany 1815-1945*. Nova York: St. Martin's Press, 1969.

CASE, Anne; DEATON, Angus. "Mortality and Morbidity in the 21st Century". *Brookings Papers on Economic Activity*. BPEA Conference Drafts, 23-4 mar. 2017.

CASSESE, Sabino. *Lo Stato fascista*. Milão: Il Mulino, 2011.

CAUTRES, Bruno. "Le clivage gauche-droite dans les démocraties modernes". *Cahiers français*, v. 404, pp. 52-61, maio/jun. 2018.

CHEIBUB, Jose Antonio. *Presidentialism, Parliamentarism, and Democracy*. Nova York: Cambridge University Press, 2007.

CHEIBUB, Jose Antonio; GANDHI, Jennifer; VREELAND, James Raymond. "Democracy and Dictatorship Revisited". *Public Choice*, v. 143, pp. 67--101, 2010.

CHEN, M. Keith; ROHLA, Ryne. "The Effect of Partisanship and Political Advertising on Close Family Ties". *Science*, v. 360, pp. 1020-4, 1 jun. 2018.

CHETTY, Raj; GRUSKY, David; HELL, Maximilian; HENDREN, Nathaniel; MANDUCA, Robert; NARANG, Jimmy. "The Fading American Dream: Trends in Absolute Income Mobility Since 1940". 2016. Disponível em: <www.nber.org/papers/w22910>. Versão preliminar n. 22910.

CHIARAMONTE, Alessandro; EMANUELE, Vincenzo. "Party System Volatility, Regeneration and De-institutionalization in Western Europe (1945-2015)". *Party Politics*, v. 23, pp. 376-88, 2017.

COHN-BENDIT, Daniel; COHN-BENDIT, Gabriel. *Obsolete Communism: The Left-Wing Alternative*. Nova York: McGraw-Hill, 1968.

COLANTONE, Italo; STANIG, Piero. "The Trade Origins of Economic Nationalism: Import Competition and Voting Behavior in Western Europe". Balfi Carefin Centre Research Paper n. 2017-49. Università Commerciale Luigi Bocconi, Milão, 2017.

CORNELL, Agnes; MØLLER, Jorgen; SKAANING, Svend-Erik. "The Real Lessons of the Interwar Years". *Journal of Democracy*, v. 28, pp. 14-28, 2017.

CORVALAN, Luis L. *El Gobierno de Salvador Allende*. Santiago: LOM Ediciones, 2003.

COSER, Lewis A. *The Functions of Social Conflict: An Examination of the Concept of Social Conflict and Its Use in Empirical Sociological Research*. Nova York: Free Press, 1964.

CUKIERMAN, Alex; EDWARDS, Sebastian; TABELLINI, Guido. "Seigniorage and Political Instability". *American Economic Review*, v. 82, pp. 537-55, 1992.

DAHL, Robert A. *Polyarchy: Participation and Opposition*. New Haven: Yale University Press, 1971.

DANCYGIER, Rafaela M. *Immigration and Conflict in Europe*. Nova York: Cambridge University Press, 2010.

_____. *Dilemmas of Inclusion: Muslims in European Politics*. Princeton: Princeton University Press, 2017.

DANCYGIER, Rafaela M.; LAITIN, David D. "Immigration into Europe: Economic Discrimination, Violence, and Public Policy". *Annual Review of Political Science*, v. 17, pp. 43-64, 2014.

DELMER, Sefton. *Weimar Germany: Democracy on Trial*. Londres: Macdonald, 1972.

DENQUIN, Jean-Marie. *1958: La Genèse de la Ve République*. Paris: Presses Universtaires de France, 1988.

DE VYLDER, Stefan. *Allende's Chile: The Political Economy of the Rise and Fall of the Unidad Popular*. Cambridge: Cambridge University Press, 1974.

DIAMOND, Larry. "Thinking about Hybrid Regimes". *Journal of Democracy*, v. 13, n. 2, pp. 21-35, 2002.

DIMSDALE, Nicholas; HORSEWOOD, Nicholas; VAN RIEL, Allard. "Unemployment and Real Wages in Weimar Germany". University of Oxford Discussion Papers in Economic and Social History, n. 56, 2004.

DIXIT, Avinash; GROSSMAN, Gene M.; GUL, Faruk. "The Dynamics of Political Compromise". *Journal of Political Economy*, v. 108, pp. 531-68, 2000.

DOWNS, Anthony. *An Economic Theory of Democracy*. Nova York: Harper and Row, 1957.

DROZ, Bernard; LEVER, Evelyne. *Histoire de la Guerre d'Algérie*. Paris: Éditions du Seuil, 1991.

DUNN, John. *The Cunning of Unreason*. Cambridge: Cambridge University Press, 2000.

DUNN, Susan. *Jefferson's Second Revolution: The Election Crisis of 1800 and the Triumph of Republicanism*. Boston: Houghton Mifflin, 2004.

ELIAS, Anwen; SZOCSIK, Edina; ZUBER, Christina Isabel. "Position, Selective Emphasis and Framing: How Parties Deal with a Second Dimension in Competition". *Party Politics*, v. 21, pp. 839-50, 2015.

ELSTER, Jon. "Deliberation and Constitution Making". In: ELSTER, Jon (Org.). *Deliberative Democracy*. Cambridge: Cambridge University Press, 1998. pp. 97-122.

ERMAKOFF, Ivan. *Ruling Onself Out: A Theory of Collective Abdications*. Durham, NC: Duke University Press, 2008.

ESTEBAN, Joan-Maria; RAY, Debraj. "On the Measurement of Polarization". *Econometrica*, v. 62, pp. 819-51, 1994.

EVANS, Richard J. *The Coming of the Third Reich*. Penguin Publishing Group, 2003. Edição Kindle.

FEARON, James. "Self-enforcing Democracy". *Quarterly Journal of Economics*, v. 126, pp. 1661-708, 2011.

FEREJOHN, John; PASQUINO, Pasquale. "Rule of Democracy and Rule of Law". In: MARAVALL, José María; PRZEWORSKI, Adam (Orgs.). *Democracy and the Rule of Law*. Nova York: Cambridge University Press, 2003. pp. 242-60.

FLECHTHEIM, Ossip K. "The Role of the Communist Party". In: STERN, Fritz (Org.). *The Path to Dictatorship 1918-1933: Ten Essays by German Scholars*. Garden City, NY: Anchor Books, 1966. pp. 89-112.

FOA, Roberto Stefan; MOUNK, Yascha. "The Democratic Disconnect". *Journal of Democracy*, v. 27, n. 6, pp. 5-17, 2016.

FOSSATI, Diego. "Economic vulnerability and economic voting in 14 OECD countries". *European Journal of Political Research*, v. 53, pp. 116-35, 2014.

FOUCAULT, Martial. "Les transformations de la sociologie du vote". *Cahiers français*, v. 404, pp. 42-51, maio/jun. 2018.

FRANCEINFO. "En 2016, les actes racistes, antisémites et antimusulmans ont baissé en France, mais pas les actes antichrétiens". 2 fev. 2017. Disponível em: <www.francetvinfo.fr/societe/religion/en-2016-les--actesracistes-antisemites-et-antimusulmans-ont-baisse-en-france--maispas-les-actes-antichretiens_2044983.html>.

FRIEDMANN, T. *The Lexus and the Olive Tree: Understanding Globalization*. Nova York: Anchor Books, 2001.

GARGARELLA, Roberto. "The Majoritarian Reading of the Rule of Law". In: MARAVALL, José María; PRZEWORSKI, Adam (Orgs.). *Democracy and the Rule of Law*. Nova York: Cambridge University Press, 2003. pp. 147-67.

GINSBURG, Tom; VERSTEEG, Mila. "The Global Spread of Constitutional Review: an Empirical Analysis". University of Chicago Law School, 2012. Versão preliminar.

GINSBURG, Tom; HUQ, Aziz Z. "How to Lose a Constitutional Democracy". *UCLA Law Review*, v. 65, n. 1, pp. 78-169, 2018a.

_____. *How to Save a Constitutional Democracy*. Chicago: University of Chicago Press, 2018b.

GOLDER, Matt. "Far Right Parties in Europe". *Annual Review of Political Science*, v. 19, pp. 477-97, 2016.

GOLDSMITH, Jack. "Paradoxes of the Deep State". In: SUNSTEIN, Cass R. (Org.). *Can It Happen Here?* Nova York: HarperCollins, 2018. pp. 105-34.

GRAF, Rudiger; JARAUSCH, Konrad H. "'Crisis' in Contemporary History and Historiography". 2017. Disponível em: <http://www.docupedia.de/zg/Graf_jarausch_crisis_en_2017>.

GRAHAM, Benjamin A. T.; MILLER, Michael K.; STRØM, Kaare. "Safeguarding Democracy: Powersharing and Democratic Survival". *American Political Science Review*, v. 111, pp. 686-704, 2017.

GRAHAM, Matthew; SVOLIK, Milan W. "Democracy in America? Partisanship, Polarization, and the Robustness of Support for Democracy in the United States". Universidade Yale, 2018. Manuscrito inédito.

GRAMSCI, Antonio. *Prison Notebooks*. Nova York: International Publishers, 1971 [c. 1930].

GUISO, Luigi; HERRERA, Helios; MORELLI, Massimo; SONNO, Tommaso. "Demand and Supply of Populism". Texto para discussão n. 11871. Center for Economic Policy Research, Londres, 2017.

HABERMAS, Jurgen. *Legitimation Crisis*. Boston: Beacon Press, 1973.

HAFFNER, Sebastian. *Histoire d'un allemand*. Paris: Babel, 2002.

HAINMUELLER, Jens; HOPKINS, Daniel J. "Public Attitudes Toward Immigration". *Annual Review of Political Science*, v. 17, pp. 225-49, 2014.

HARMS, Philipp; ZINK, Stefan. "Limits to Redistribution in a Democracy: a Survey". *European Journal of Political Economy*, v. 19, pp. 651-68, 2003.

HASTINGS, Michel. "Le clivage gauche-droite: disparition ou renouvellement?" *Cahiers français*, v. 404, pp. 34-41, maio/jun. 2018.

HELPMAN, Elhanan. "Globalization and Wage Inequality". Departamento de Economia da Universidade Harvard, 2016. Versão preliminar.

HOFSTADTER, Richard. *The Idea of a Party System: The Rise of Legitimate Opposition in the United States, 1780-1840*. Berkeley: University of California Press, 1969.

HUBER, John; INGLEHART, Ronald. "Expert Interpretations of Party Space and Party Locations in 42 Societies". *Party Politics*, v. 1, pp. 73-111, 1995.

HUMAN RIGHTS BRIEF. "Xenophobic and racist hate crimes surge in the European Union". 28 fev. 2017. Disponível em: <http://hrbrief.org/2017/02/xenophobic-racist-hate-crimes-surge-european-union>.

HUTCHISON, Elizabeth Quay; KLUBOCK, Thomas Miller; MILANICH, Nara B. (Orgs.). "The Chilean Road to Socialism: Reform and Revolution". *Chile Reader: History, Culture, Politics*. Durham, NC: Duke University Press, 2013. pp. 343-428.

IGNAZI, Piero. "The Silent Counter-revolution: Hypotheses on the Emergence of Extreme Right-wing Parties in Europe". *European Journal of Political Research*, v. 22, pp. 3-34, 1992.

IGNAZI, Piero. *Extreme Right Parties in Western Europe*. Oxford: Oxford University Press, 2003.

INGLEHART, Ronald F.; FLANAGAN, S. C. "Value Change in Industrial Societies". *American Political Science Review*, v. 81, pp. 1289-319, 1987.

INGLEHART, Ronald F.; NORRIS, Pippa. "Trump, Brexit, and the Rise of Populism: Economic Have-nots and Cultural Backlash". Faculty Research Working Paper Series, Harvard Kennedy School, 2016.

IVARSFLATEN, Elisabeth. "What Unites Right-wing Populists in Western Europe? Re-examining Grievance Mobilization Models in Seven Successful Cases". *Comparative Political Studies*, v. 41, pp. 3-23, 2008.

JUNG, Florian. "Income Inequality, Economic Development, and Political Institutions". Tese de doutorado n. 3196. Universidade de St. Gallen, 2011.

KALECKI, Michal. "Czy możliwe jest, 'kapitalistyczne' wyjście z kryzysu?". In:_____. *Kapitalizm: Koniunktura i zatrudnienie*. Varsóvia: Państwowe Wydawnictwo Ekonomiczne, 1972 [1932]. pp. 75-81.

KANTAR PUBLIC. "Ocena działalności rządu, premiera i prezydenta". Jan. 2018. Disponível em: <www.tnsglobal.pl/archiwumraportow/2018/12/19/ocena-dzialalnosci-rzadu-premiera-i-prezydenta--grudzien-2018>.

KARL, Terry Lynn. "The Hybrid Regimes of Central America". *Journal of Democracy*, v. 6, n. 3, pp. 72-87, 1995.

KATES, Sean; TUCKER, Joshua. "We Never Change, Do We? Economic Anxiety and the Far Right in a Post Crisis Europe". Departamento de Política da Universidade de Nova York, 2017. Versão preliminar.

KETCHAM, Ralph (Org.). *The Anti-Federalist Papers and the Constitutional Convention Debates*. Nova York: Mentor Books, 1986.

KING, Gary; ZHENG, Langche. "When Can History Be Our Guide? The Pitfalls of Counterfactual Inference". *International Studies Quarterly*, v. 51, pp. 183-210, 2007.

KING, Gary; ROSEN, Ori; TANNER, Martin; WAGNER, Alexander F. "Ordinary Economic Voting Behavior in the Extraordinary Election of Adolf Hitler". *Journal of Economic History*, v. 68, pp. 951-96, 2008.

KITSCHELT, Herbert. *The Transformation of European Social Democracy*. Cambridge: Cambridge University Press, 1994.

KRIESI, Hanspeter; GRANDE, Edgar; DOLEZAL, Martin; BORNSCHIER, Simon; FREY, Timotheos. "Globalization and the Transformation of the National Political Space: Six European Countries Compared". *European Journal of Political Research*, v. 45, pp. 921-56, 2006.

KRIESI, Hanspeter et al. *Political Conflict in Western Europe*. Cambridge: Cambridge University Press, 2012.

LAMBRECHT PLAZA, Karen. "La distribución del ingreso en Chile: 1960--2000". Faculdade de Economia e Negócios da Universidade do Chile, Santiago, 2011.

LANDAU, David. "Abusive Constitutionalism". *University of California at Davis Law Review*, v. 47, pp. 189-260, 2013.

LANDSBERGER, Henry A.; MCDANIEL, Tim. "Hypermobilization in Chile, 1970-1973". *World Politics*, v. 28, pp. 502-41, 1976.

LEE, Woojin; ROEMER, John E. "Race and Redistribution in the United States: a Solution to the Problem of American Exceptionalism". *Journal of Public Economics*, v. 90, pp. 1027-52, 2006.

LE GAC, Julie; OLIVIER, Anne-Laure; SPINA, Raphael. *La France en chiffres, de 1870 à nos jours: sous la direction d'Olivier Wieviorka*. Paris: Perrin, 2015.

LENIN, Vladimir I. "Letter to the Workers of Europe and America". In: _____. *Against Revisionism*. Moscou: Foreign Languages Publishing House, 1959 [1919]. pp. 479-86.

LEPSIUS, Rainer M. "From Fragmented Party Democracy To Government by Emergency Decree and Nationalist Socialist Takeover: Germany". In: LINZ, Juan J.; STEPAN, Alfred (Orgs.). *The Breakdown of Democratic Regimes: Europe*. Baltimore: Johns Hopkins University Press, 1978. pp. 34-79.

LEVITSKY, Steve; WAY, Lucan A. *Competitive Authoritarianism: Hybrid Regimes after the Cold War*. Nova York: Cambridge University Press, 2010.

LEWANDOWSKY, Stephan; ECKER, Ullrich K. H.; COOK, John. "Beyond Misinformation: Understanding and Coping with the 'Post-truth' Era". *Journal of Applied Research in Memory and Cognition*, v. 6, pp. 353-69, 2017.

LIND, Jo T. "Why is There so Little Redistribution?". *Nordic Journal of Political Economy*, v. 31, pp. 111-25, 2005.

LINDVALL, Johannes. "The Electoral Consequences of Two Great Crises". *European Journal of Political Research*, v. 53, pp. 747-65, 2014.

LINZ, Juan J. *The Breakdown of Democratic Regimes: Crisis, Breakdown, and Reequilibration*. Baltimore: Johns Hopkins University Press, 1978.

LIPPMANN, Walter. *The Public Philosophy*. Nova York: Mentor Books, 1956.

LIPSET, Seymour Martin. *Political Man*. Garden City, NY: Doubleday, 1960.

LOS MIL DÍAS DE ALLENDE. 1997. Disponível em: <www.cepchile.cl>.
LUO, Zhaotian; PRZEWORSKI, Adam. "Subversion by Stealth: Dynamics of Democratic Backsliding". Departamento de Política da Universidade de Nova York, 2018. Versão preliminar.
_____. "Democracy and Its Vulnerabilities: Dynamics of Democratic Backsliding". Departamento de Política da Universidade de Nova York, 2019. Versão preliminar.
LUST, Ellen; WALDNER, David. 2015. "Unwelcome Change: Understanding, Evaluating and Extending Theories of Democratic Backsliding". Disponível em: <https://pdf.usaid.gov/pdf_docs/PBAAD635.pdf>.
MCCARTY, Nolan; POOLE, Keith; ROSENTHAL, Howard. *Polarized America: The Dance of Ideology and Unequal Riches*. Cambridge, MA: MIT Press, 2016.
MCGANN, Anthony. *The Logic of Democracy: Reconciling Equality, Deliberation, and Minority Protection*. Ann Arbor: University of Michigan Press, 2006.
MCKINSEY GLOBAL INSTITUTE. "A Future that Works: Automation, Employment, and Productivity". 2017.
MACAULAY, Thomas B. *Complete Writings*, v. 17. Boston, Nova York: Houghton Mifflin, 1900.
MADDISON, Agnus. Statistics on World Population, GDP and Per Capita GDP, 1-2008 AD. 2011. Disponível em: <www.ggdc.net/maddison/orii-ndex.htm>.
MAEDA, Ko. "Two Modes of Democratic Breakdown: A Competing Risks Analysis of Democratic Durability". *Journal of Politics*, v. 72, n. 4, pp. 1129-43, 2010.
MAGALONI, Beatriz. "Thought Piece on How Democracies Fail". Texto apresentado na conferência How Do Democracies Fall Apart (And Could It Happen Here)? Universidade Yale, 6 out. 2017.
MANIN, Bernard. *The Principles of Representative Government*. Cambridge: Cambridge University Press, 1997.
_____. "Les habits neufs de la représentation". *Esprit*, v. 437, pp. 71-85, 2017.
MARAVALL, José María. *Demands on Democracy*. Oxford: Oxford University Press, 2016.
MARAVALL, José María; PRZEWORSKI, Adam. "Political Reactions to the Economy: the Spanish Experience". In: STOKES, Susan C. (Org.). *Public Support for Economic Reforms in New Democracies*. Nova York: Cambridge University Press, 2001.

MARGALIT, Yotam M. "Explaining Social Policy preferences: Evidence from the Great Recession". *The American Political Science Review*, v. 107, pp. 80-103, 2013.

MARKS, G.; HOOGHE, L.; NELSON, M. et al. "Party Competition and European Integration in the East and West: Different Structure, Same Causality". *Comparative Political Studies*, v. 39, pp. 158-9, 2006.

MARTNER, Gonzalo. *El gobierno del presidente Salvador Allende 1970-1973*. Santiago: Editorial LAR, 1988.

MARX, Karl. *The Eighteenth Brumaire of Louis Bonaparte*. Moscou: Progress Publishers, 1934 [1852].

_____. *Class Struggles in France, 1848 to 1850*. Moscou: Progress Publishers, 1952 [1851].

_____. *Writings on the Paris Commune*. Org. de H. Draper. Nova York: International Publishers, 1971.

_____. *A Contribution to the Critique of Political Economy*. Nova York: International Publishers, 1979 [1859].

MEDINA, Lucia. "Partisan Supply and Voters' Positioning on the Left-right Scale in Europe". *Party Politics*, v. 21, pp. 775-90, 2015.

MEEUWIS, Maarten; PARKER, Jonathan A.; SCHOAR, Antoinette; SIMESTER, Duncan I. "Belief Disagreement and Portfolio Choice". 2018. Disponível em: <www.nber.org/papers/w25108>. Versão preliminar NBER n. 25108.

MIAO, Ouyang. "The Pro-competitive Effect of Chinese Imports: Amplification through the Input-output Network". Sumário da tese de doutorado. Departamento de Economia da Universidade Brandeis, 2016.

MICHAELS, Walter Benn. *The Trouble with Diversity: How We Learned to Love Identity and Ignore Inequality*. Nova York: Henry Holt and Co., 2007.

MILIBAND, Ralph. *Parliamentary Socialism: A Study in the Politics of Labour*. 2. ed. Londres: Merlin Press, 1975.

MILL, John Stuart. *The Collected Works of John Stuart Mill, Volume XVIII — Essays on Politics and Society Part I*. Org. de J. M. Robson. Toronto: University of Toronto Press, 1977 [1859].

_____. *Considerations on Representative Government*. Cambridge: Cambridge University Press, 1991 [1857].

MINKENBERG, Michael. "The Renewal of the Radical Right: Between Modernity and Anti-modernity". *Government and Opposition*, v. 35, pp. 170-88, 2000.

MINOW, Martha. "Could Mass Detentions without Process Happen Here?". In: SUNSTEIN, Cass R. (Org.). *Can It Happen Here?* Nova York: HarperCollins, 2018. pp. 313-28.

MONTESQUIEU. *De l'esprit des lois*. Paris: Gallimard, 1995 [1748].

MORAL, Mert; BEST, Roben E. "On the Reciprocal Relationship Between Party Polarization and Citizen Polarization". Texto apresentado na Reunião Anual da Midwest Political Science Association, Chicago, 2018.

MUDDE, Cas. "The Populist Zeitgeist". *Government and Opposition*, v. 39, pp. 541-63, 2004.

NAVIA, Patricio; OSORIO, Rodrigo. "'Make the Economy Scream'? Economic, Ideological and Social Determinants of Support for Salvador Allende in Chile, 1970-3". *Journal of Latin American Studies*, v. 49, pp. 771-97, 2017.

_____. "Attitudes Toward Democracy and Authoritarianism Before, During and After Military Rule: the Case of Chile, 1972-2013". *Contemporary Politics*, pp. 1-23, 2018.

NBC. "U.S. Hate Crimes up 20 Percent in 2016, Fueled by Election Campaign: Report". 14 mar. 2017. Disponível em: <www.nbcnews.com/news/us-news/u-s-hate-crimes-20-percent-2016-fueled-election-campaign-n733306>.

ODEPLAN. *Plan de la Economía Nacional*. Santiago: Oficina de Planificación Nacional, 1971.

O'DONNELL, Guillermo. "Delegative Democracy". *Journal of Democracy*, v. 5, n. 1, pp. 55-69, 1994.

OSTROGORSKIJ, Michael. *Democracy and the Organization of Political Parties*. Piscataway, NJ: Transaction Publishers, 1981 [1927].

PASQUINO, Gianfranco. "Populism and Democracy". In: ALBERTAZZI, Daniele M.; MCDONNELL, Duncan (Orgs.). *Twenty-First Century Populism*. Nova York: Palgrave Macmillan, 2008. pp. 15-29.

PEW RESEARCH CENTER. "More Mexicans Leaving than Coming to the U.S.". 19 nov. 2015. Disponível em: <www.pewresearch.org/hispanic/2015/11/19/more-mexicans-leaving-than-coming-to-the-u-s>.

_____. "Public Opinion on Abortion". 15 out. 2018. Disponível em: <www.pewforum.org/fact-sheet/public-opinion-on-abortion>.

PIKETTY, Thomas. "Brahmin Left vs Merchant Right: Rising Inequality and the Changing Structure of Political Conflict (Evidence from France, Britain and the US, 1948-2017)". *WID. World Working Paper Series*, n. 7, 2018.

PIZZORNO, Alessandro. "The Individualistic Mobilization of Europe". *Daedalus*, pp. 199-224, dez. 1964.

POPPER, Karl. *The Open Society and Its Enemies*. Londres: Routledge/Kegan Paul, 1962.

PROTHRO, James W.; CHAPARRO, Patricio E. "Public Opinion and the Movement of the Chilean Government to the Left, 1952-73". In: VALENZUELA, Arturo; VALENZUELA, J. Samuel (Orgs.). *Chile: Politics and Society*. New Brunswick, NJ: Transaction Books, 1976. pp. 67-114.

PRZEWORSKI, Adam. *Capitalism and Social Democracy*. Nova York: Cambridge University Press, 1986.

_____. *Democracy and the Limits of Self Government*. Nova York: Cambridge University Press, 2010.

_____. "Choices and Echoes: Stability and Change of Policy Regimes". In: MAGARA, Hideko (Org.). *Economic Crises and Policy Regimes: The Dynamics of Policy Innovation and Paradigmatic Change*. Edward Elgar Publishing, 2014.

_____. "Acquiring the Habit of Changing Governments through Elections". *Comparative Political Studies*, v. 48, pp. 1-29, 2015.

PRZEWORSKI, Adam; LIMONGI, Fernando. "Modernization: Theories and Facts". *World Politics*, v. 49, pp. 155-83, 1997.

PRZEWORSKI, Adam; RIVERO, Gonzalo; XI, Tianyang. "Elections as a Method of Processing Conflicts". *European Journal of Political Economy*, v. 39, pp. 235-48, 2015.

PUTTERMAN, Louis. "Why Have the Rabble not Redistributed the Wealth? On the Stability of Democracy and Unequal Wealth". In: ROEMER, John E. (Org.). *Property Relations, Incentives, and Welfare*. Londres: McMillan, 1996. pp. 359-89.

RODRIK, Dani. "Populism and the Economics of Globalization". Centre for Economic Policy Research, Londres, 2017. Texto para discussão n. 12119.

ROEMER, John E. "Why the Poor do not Expropriate the Rich: an Old Argument in New Garb". *Journal of Public Economics*, v. 70, pp. 399-424, 1998.

ROODUIJN, Matthijs; AKKERMAN, Tjitske. "Flank Attacks: Populism and Left-right Radicalism in Western Europe". *Party Politics*, v. 23, pp. 193-204, 2017.

ROSANVALLON, Pierre. *Le modèle politique français: la société civile contre le jacobinisme de 1789 à nos jours*. Paris: Seuil, 2004.

_____. "Réinventer la démocratie". *Le Monde*, 30 abr. 2009.

ROTHWELL, Jonathan. "Cutting the Losses: Reassessing the Costs of Import Competition to Workers and Communities". Gallup, 2017. Versão preliminar.

ROTHWELL, Jonathan; DIEGO-ROSELL, Pablo. "Explaining Nationalist Political Views: The Case of Donald Trump". Gallup. Versão preliminar revisada pela última vez em 2 nov. 2016.

ROUSSEAU, Jean-Jacques. *Du contrat social*. Edição de Robert Derathe. Paris: Gallimard, 1964 [1762].

SADURSKI, Wojciech. "How Democracy Dies (in Poland): A Case Study of Anti-constitutional Populist Backsliding". Legal Studies Research Paper n. 18/01, Sydney Law School, 2018.

SAIEGH, Sebastian. "Political Prowess or Lady Luck? Evaluating Chief Executives' Legislative Success Rates". *Journal of Politics*, v. 71, pp. 1342--56, 2009.

SANCHEZ-CUENCA, Ignacio. "Power, Rules, and Compliance". In: MARAVALL, José María; PRZEWORSKI, Adam (Orgs.). *Democracy and the Rule of Law*. Nova York: Cambridge University Press, 2003. pp. 62-93.

SCHEDLER, Andreas. *Electoral Authoritarianism: The Dynamics of Unfree Competition*. Boulder, CO: Lynn Rienner, 2006.

SCHORSKE, Carl E. *German Social Democracy 1905-1917: The Development of the Great Schism*. Nova York: Harper & Row, 1955.

SCHUMANN, Dirk. *Political Violence in the Weimar Republic, 1918-1933: Fight for the Streets and the Fear of Civil War*. Nova York: Berghahn Books, 2009.

SCHUMPETER, Joseph A. *Capitalism, Socialism, and Democracy*. Nova York: Harper & Brothers, 1942.

SHADMEHR, Mehdi; BERHARDT, Dan. "Collective Action with Uncertain Payoffs: Coordination, Public Signals and Punishment Dilemmas". *American Political Science Review*, v. 105, pp. 829-51, 2011.

SHEPPELE, Kim Lane. "The Rule of Law and the Frankenstate: Why Governance Checklists do not Work". *Governance*, v. 26, pp. 559-62, 2013.

SKINNER, Quentin. "The Empirical Theorists of Democracy and Their Critics: a Plague on Both Houses". *Political Theory*, v. 1, pp. 287-306, 1973.

SMULOVITZ, Catalina. "How Can the Rule of Law Rule? Cost Imposition through Decentralized Mechanisms". In: MARAVALL, José María; PRZEWORSKI, Adam (Orgs.). *Democracy and the Rule of Law*. Nova York: Cambridge University Press, 2003. pp. 168-87.

SONTHEIMER, Kurt. "Anti-democratic Thought in the Weimar Republic". In: STERN, Fritz (Org.). *The Path to Dictatorship 1918-1933: Ten Essays by German Scholars*. Garden City, NY: Anchor Books, 1966. pp. 32-49.

SPLC. "Update: 1,094 Bias-related Incidents in the Month Following the Election". 16 dez. 2016. Disponível em: <www.splcenter.org/hatewatch/2016/12/16/update-1094-bias-related-incidents-month-following-election>.

SPOON, Jae-Jae; KLUWER, Heike. "Voter Polarisation and Party Responsiveness: Why Parties Emphasise Divided Issues, but Remain Silent On Unified Issues". *European Journal of Political Research*, v. 54, pp. 343-62, 2015.

STERN, Fritz. "Introduction". In: _____ (Org.). *The Path to Dictatorship 1918-1933: Ten Essays by German Scholars*. Garden City, NY: Anchor Books, 1966.

STOKES, Susan C. (Org.). *Public Support for Economic Reforms in New Democracies*. Nova York: Cambridge University Press, 2001.

STONE, Geoffrey R. *Perilous Times: Free Speech in Wartime, from the Sedition Act of 1798 to the War on Terrorism*. Nova York: W. W. Norton, 2018.

STRAUSS, David A. "Law and the Slow-motion Emergency". In: SUNSTEIN, Cass R. (Org.). *Can It Happen Here?* Nova York: HarperCollins, 2018. pp. 365-86.

SVOLIK, Milan W. "Which Democracies Will Last? Coups, Incumbent Takeovers, and the Dynamic of Democratic Consolidation". *British Journal of Political Science*, v. 45, n. 4, pp. 715-38, 2015.

_____. "When Polarization Trumps Civic Virtue: Partisan Conflict and the Subversion of Democracy by Incumbents". Universidade Yale, 2017. Manuscrito inédito.

SWIID. "The Standardized World Income Inequality Data Base". Versão 4.0, 2014. Disponível em: <dataverse.harvard.edu/dataset.xhtml?persistentId=hdl:1902.1/11992>.

TEINTURIER, Brice. "Perceptions de la politique et vote: ce qui a changé". *Cahiers français*, v. 404, pp. 62-71, maio/jun. 2018.

TINGSTEN, Herbert. *The Swedish Social Democrats*. Totowa: Bedminster Press, 1973.

TURNER, Henry Ashby Jr. *German Big Business and the Rise of Hitler*. Nova York: Oxford University Press, 1985.

UNU-WIDER. "World Income Inequality Database (WIID3.0A)". Jun. 2014. Disponível em: <https://www.wider.unu.edu/database/previous-versions-wiid>.

VAROL, Ozan O. "Stealth Authoritarianism". *Iowa Law Review*, v. 100, pp. 1673-742, 2015.

WAGNER, M. "Defining and Measuring Niche Parties". *Party Politics*, v. 18, pp. 854-64, 2012.

WEAKLIEM, David. "Declining Support for Democracy?" 7 dez. 2016. Disponível em: <justthesocialfacts.blogspot.com/2016/12/declining-support-for-democracy.html?m=0>.

_____. "Going Downhill". 2 dez. 2016. Disponível em: <justthesocialfacts.blogspot.com/2016/12/going-downhill.html?m=0>.

WEINGAST, Barry R. "Political Foundations of Democracy and the Rule of Law". *American Political Science Review*, v. 91, pp. 245-63, 1997.

_____. "Capitalism, Democracy, and Countermajoritarian Institutions". *Supreme Court Economic Review*, v. 23, pp. 255-77, 2015.

WILSON, Kenneth A. Cross-National Time-Series Data Archive, 2017.

YOCELEVZKY, Ricardo A. *Chile: partidos politicos, democracia y dictadura, 1970-1990*. México: Fondo de Cultura Económica, 2002.

ZAKARIA, Fareed. "The Rise of Illiberal Democracy". *Foreign Affairs*, v. 76, n. 6, pp. 22-43, 1997.

Índice remissivo

ações políticas, 181, 192, 232
acordo, 42-3, 81-2, 139, 161, 178
acordo de classes: democrático, 139; ruptura, 131, 136-7
agitação, 64, 73-4, 85-7, 99-102, 198
agricultura, 79, 84, 221
Alemanha, 33, 56-7, 65-77, 91, 104-5, 118-9, 142, 149-52; ameaças, 67-72; Constituição de Weimar, 75-6, 204, 214; democracia, 66-7; facada nas costas, 68; localização dos partidos políticos no espaço esquerda-direita e democrático-autoritário, 71; nazista, 98; Reichstag, 53, 69, 73-6; resultado de problemas, 75-7; sinais de problemas, 72-5
Alessandri, Arturo, 78-80
Alessandri, Jorge, 78
Allende, presidente Salvador, 33, 37, 78-81, 83-90, 105, 165, 177, 227
alternâncias, 46-7, 51, 56, 63-4, 67, 78, 125
ameaças, 29, 34-5, 38-41, 58, 213; Alemanha, 67-72; Chile, 78-84; Estados Unidos, 100; França, 91-2
América Latina, 61, 167, 192; *ver também países individuais*
antagonismos, 31-2, 173
Argélia, 91-7
Argentina, 58-9, 62, 161, 182, 193
Armingeon, K., 118-22, 128, 166-7
assassinatos, 64, 73, 86, 95
associações, 180-1, 227

atitudes, 109-10, 111, 125-6, 143-4, 147, 153-4, 156-59, 174; políticas, 87, 123
atores políticos, 37, 167, 179, 184
atos ilegais, 61, 102
Austrália, 119, 133, 142, 152-3
Áustria, 67, 118, 161
Autor, D., 136, 154
autoritarismo, 67, 69, 75, 77, 117, 123, 176-8, 204-6, 207; competitivo, 39; eleitoral, 39, 52
Aylwin, Patricio, 83, 88

bancos, 25, 79, 81-2, 128; centrais, 30, 151, 228
Bangladesh, 56
Bélgica, 58, 112, 118-9, 142
bicameralismo, 30, 228
Blum, Léon, 90
Bobbio, Norberto, 29, 229
Brüning, chanceler Heinrich, 70, 75-7
burguesia, 26, 33, 42-3, 81, 136; ditadura da, 161; pequena, 42, 116, 140
burocracias: não partidárias, 44; públicas, 32, 44, 206
BVP (Partido Popular Bávaro) *ver* Partido Popular Bávaro (BVP)

camponeses, 81, 85-6, 89, 131
Canadá, 36, 57, 119, 150
candidatos presidenciais, 81, 116-7, 148
capitalismo, 35, 41-3, 65, 68, 78, 90, 178; crises, 35; e democracia, 41-4, 68, 90

cara ou coroa, 187-9
Carr, W., 73-4, 77
causalidade, 55, 110, 131, 149, 150-3
centro-direita, 123
Chetty, R., 136, 164
Chile, 33, 46, 52-3, 56, 64-5, 78-80, 87-90, 105, 129, 178, 186; ameaças, 78-84; democracia, 78; economia, 79, 82; *la ley de las áreas valiosas*, 82-3, 105; resultado de problemas, 88-90; sinais de problemas, 84-8
China, 40, 136-7, 154, 181, 220
cidadãos, 142, 145, 188, 192, 202, 206, 210, 216, 224; individuais, 211, 213, 217; polarização, 142
classe trabalhadora, 81, 109, 166, 176
Clinton, Hillary, 148, 229-30
coalizões, 69-72, 75, 80-2, 89-90, 91-2, 94, 115, 126, 178, 186; eleitorais, 91; governo de, 67, 69, 75, 81, 173, 178, 215
coexistência, 41, 43, 117
colapso das democracias, 199
coletividade, 171, 223-6
Colômbia: Corte Constitucional, 209
comparações, 46, 53, 61, 64-5, 160-1
comparecimento às urnas, 25, 74, 87, 120-1, 166
competição, 137, 153-5, 179-80; eleitoral, 179-80, 224; de importações, 136-7, 154; política, 32, 44
comunistas, 35, 67-8, 71, 73, 78, 80-1, 89, 91-2, 161; *ver também* KPD (Partido Comunista Alemão)
concessões, 38, 193, 198
condições econômicas, 104, 153, 156-7, 159, 165; pré- e pós-2008, 162
condições materiais, 34, 43, 140, 232
confiança, 25-7, 29, 37-8, 75, 128-30, 230
conflitos, 31-3, 45-6, 58, 65-6, 84, 86, 95-7, 190-2, 198-9, 231-2; diferenças entre, 174-7; e instituições,

173-87; eleição como método de processar, 187-91; estruturação de, 178-9, 181, 232; políticos, 32, 38, 45, 173, 174n, 179, 182; processamento de, 31, 182-3, 186, 191, 193, 198, 232; regulamentação de, 189, 196
confrontos de rua, 195, 197
Congresso, 80, 82-4, 89, 100, 103, 185, 202, 217-8
constitucionalismo, 204-5, 208-9; abusivo, 209
constituições, 42, 76-7, 84, 90, 94, 96-8, 185-6, 208-9, 216-7; de Weimar, 75-6, 204, 214; mudanças em, 205-7
controle, 44-5, 51, 81-2, 89-90, 164, 191, 193, 231-2
correções, 146
corrupção, 36, 58, 223; política, 156, 162, 209
cortes constitucionais, 30, 180, 193, 203, 207-9
Costa Rica, 57, 62, 185
credenciais democráticas favoráveis, 39, 206
crenças, 47, 128, 134, 146-7, 164, 213-5, 219, 221; arraigadas, 136; ideológicas, 78
crescimento: econômico, 43, 60
crianças, 134, 158, 164-5, 177, 226
crime de ódio, 148-9
crises, 25-9, 34-40, 44-6, 53, 55-64, 65-6, 99-105, 109-5, 127-9; econômicas, 35-6, 38-9, 56-7, 60, 67-8, 74-5, 165, 220; de estagflação, 35, 122; governamentais, 61, 63-4; políticas, 57-9, 65
culturas nacionais, 145

dados sistemáticos, 105, 148
Dancygier, R. M., 125, 156
DDP (Partido Democrático Alemão), 66, 69-71

De Gaulle, general Charles, 90, 93-7
Dean, John, 101
demandas, 32, 43, 89, 97
democracia: colapso da, 52-3; consolidadas, 55-61, 63, 160; crises da, 26-41, 51-106, 129; declínio do apoio à democracia em pesquisas, 128-30; desgaste, 47, 51-2, 129, 211; e a busca de poder, 44-5; e capitalismo, 41-4, 68, 90; experiências passadas de, 63; liberal, 29, 204-6; madura, 25, 171; presidenciais, 61, 64; representativa, 29, 116, 223, 226; Weimar, 53, 65
democratas, 102, 142, 147-8, 231; cristãos, 80-2, 88, 105
derrotas eleitorais, 40, 183
desastres, 34-6, 38-9, 51, 56, 67, 96-8, 104, 171, 190; econômicos, 38, 67
desconsolidação, 39, 200, 203, 212; democrática, 128, 205
desemprego, 35, 67-8, 125, 154-6, 182-3, 219, 222
desestabilização, 47, 112-3
desigualdade, 29, 43, 60, 64, 132, 163, 220-2, 231; de renda, 43, 55, 67, 79, 131, 157, 163
desobediência civil, 194-5
desordem, 197-8
dimensão esquerda-direita, 123-4, 126, 141, 175
Dinamarca, 118-20, 122, 142, 150
direita, 67-8, 70, 84-5, 109-11, 115-28, 150-4, 156-8, 166, 230-1; centro, 123; radical *ver* direita radical
direita radical, 38, 116-20, 150-3, 155, 158; partidos, 117-9, 127, 150, 154, 156, 166, 231; votação e apoio, 153-9
direitos: civil, 181; de votar, 210; liberais, 28-9, 200
disputa eleitoral, 179-80, 224
distritos eleitorais, 91, 126, 146, 210, 214, 229

ditadura, 39, 51, 61, 97, 204, 229; da burguesia, 161; do proletariado, 161
divisionismo, 65, 141-9, 177
divisões, 176-7; políticas, 78, 186; rural-urbanas, 79
DNVP (Partido Popular Nacional Alemão), 69-71
DStP, 69-71
DVP (Partido Popular Alemão), 69-71

economia, 59-61, 81-2, 109, 117, 131-40, 147, 150, 168
educação, 55, 86, 117, 126, 152, 176, 185, 228
eleições, 27-33, 45-7, 51-3, 66-9, 76-80, 147-55, 186-91, 198-201, 223-9, 232-3; como método de processamento de conflitos, 187-91; diretas, 97, 202, 207, 229; e escolha, 224-5; entre governo e oposição, 192-8; França, 118, 228-9; indiretas, 152, 228; parlamentares, 84, 90, 95, 99; presidenciais, 80, 97, 105, 117-8, 126, 193, 215, 229
eleitorados, 114-5, 125, 127, 154, 167, 228
eleitores, 66, 120, 124-7, 165-6, 175, 179, 225, 228-9, 232; potenciais, 119, 230
elites, 115, 129, 161, 223, 226-30
elitismo, 115, 228
emergência: estado de, 85, 92, 214-5; poderes de, 75, 77, 89
empregos, 43, 67-8, 79, 85, 98-9, 131-4, 136, 153-5, 220-2, 231; evasão, 219-20
entrevistados, 78, 84, 95, 134, 143, 150, 158, 164
Equador, 56-7, 185
escolha, 89, 145, 165, 183, 188-9, 191, 198-9, 223-4; coletiva, 225; e eleições, 223-4
Eslovênia, 142
Espanha, 117, 119, 128, 149-50, 165; Podemos, 115-7

esquerda, 57, 71, 80-3, 85, 111, 115-6, 123, 125-7, 164; extrema, 67, 117, 126
estabilidade, 112-3
Estado de direito, 27-31, 200
estado de emergência, 85, 92, 214-5
Estados Unidos, 65-6, 99-103, 134, 136-44, 147-9, 150-2, 157-8, 163-6, 216-8, 221-2; ameaças, 100; democracia, 99; e subversão sub-reptícia, 217-8; resultados, 102-3; Senado, 193, 228; sinais de problemas, 100-2; Universidade Estadual de Kent, 100, 198, 211
estagnação, 47, 134, 163-4, 219-20; de renda, 131, 163-4
Estônia, 53, 56
estratégias eleitorais, 68, 117
Evans, R. J., 72-3, 76
experiência, 51, 63, 154-5, 165, 221; histórica, 46, 197, 220
experiências passadas de democracia, 63
extrema direita ver direita radical
extrema esquerda, 67, 117, 126

falsidades, 146-7
fator trabalho, 60, 79, 163-4
favelas, Santiago, 79-81, 86
Fehrenbach, Constantin, 67
Filipinas, 56
Finlândia, 57, 112, 119, 142
força, 40, 51, 66-7, 81, 88, 174, 189-91, 225
forças armadas, 84, 88, 217
forças políticas, 31-2, 34, 38-9, 51, 98, 116, 178, 182, 188-90, 191; organizadas, 97, 183; principais, 33, 199
França, 62-6, 90-9, 112-5, 118-9, 125, 127, 149-52, 183, 185; agitação por ano, 99; ameaças, 91-2; democracia, 90; Quarta República, 33, 91-4, 96-8, 186; resultado de problemas, 96-8; sinais de problemas, 92-6

Frei, Eduardo, 78-80, 82, 85, 88
Front National, 119, 127, 153

gaullistas, 91-3, 97
generais, 84, 93-6, 97, 185
Gini, coeficientes de, 60, 67, 133, 162
Ginsburg, T., 27, 200, 204, 207-9, 218, 228
globalização, 47, 109, 116, 136-7, 152, 158, 219
golpes, 40, 52-6, 65, 76, 84, 88, 91, 94-6, 129
governo representativo, 192, 227
governos, 28-30, 32-3, 36-7, 40-2, 67-8, 70-2, 81-99, 186-8, 191-218; e oposição entre as eleições, 192-9; eleitos, 47, 204, 225-6; no poder, 29, 191; reacionários, 213, 215-7
Grécia, 56, 117-9, 128
greves, 60, 62-4, 84-5, 91, 180, 184, 194, 197-8; gerais, 62-4, 73
grupos de interesse, 181
Guatemala, 58
guerra, 63, 67-8, 72, 90-1, 96-7, 99-100, 111-2, 158, 165; civil, 40, 88, 165
Guiana, 58

Hindenburg, 75, 77, 105
Hitler, Adolf, 69, 75-7, 105, 186, 204, 219
Holanda, 119, 142, 150
Honduras, 56, 185
hostilidade, 104, 141, 148, 165
Hungria, 45, 200-2, 207, 216
Huq, A. Z., 27, 200, 204, 207-9, 218

identidades, 145-6
ideologias, 26, 78, 113, 123, 141, 145-6, 149, 161
igualdade, 40-1, 44, 123, 129, 227; entre gerações, 164
Ilhas Salomão, 56

imigração, 117, 124, 126-7, 131, 141-3, 150, 155-57, 176; sentimentos anti-imigração, 230-1
imigrantes, 117, 124, 143, 145, 156, 177; em situação ilegal, 124, 177
impeachment, 58, 83, 88-9, 102-3, 212
impostos, 109, 116, 221
impotência, 222, 225
incentivos, 31-2, 139, 144, 156, 178-9, 191, 232; eleitorais, 31, 188
indústria, 79, 84, 131-4, 140, 181-2, 220
influência: igual, 225; política, 184, 228
insatisfação, 88, 175, 194, 223-6, 230
instituições, 25, 30, 32-5, 37-8, 98, 103, 104-5, 196, 200; democráticas, 34, 36-9, 46, 101, 104, 200, 230; e conflitos, 173-87; políticas, 27, 31, 171, 178-9, 182, 184; representativas, 35, 38, 40, 100, 102, 194-5, 223, 225-7, 230
inteligência artificial, 221
interesses, 31-3, 37, 51, 178-83, 189-90, 205, 225, 227, 232; das elites, 223, 226; econômicos, 32, 41; interação institucional de, 37, 183; partidários, 103, 205
Islândia, 119
Itália, 36, 112, 118-9, 161, 198, 229
Ivarsflaten, E., 116, 156

Jamaica, 57-8
Japão, 112, 118-9, 133, 137, 150
judiciário, 28-9, 197

KPD (Partido Comunista Alemão), 67, 69-71, 105, 176

Le Pen, Marine, 117, 15, 162, 209
legislação, 82, 89, 192-3, 210, 214, 218
leis, 27-31, 82-3, 84, 173-5, 180-1, 184-5, 195, 217-8, 229-32
ley de las áreas valiosas, la, 82-3, 105

liberdade, 29, 32, 37, 51, 216-7, 227; de ação, 171, 200-1, 211, 213; política, 39, 41, 178
lições da história, 46, 104-6, 160, 168
líderes, 90, 93, 98, 105, 112, 116, 129, 183, 215; fortes, 39, 116, 128-30
linguagem, 115, 122, 143, 157-8, 231
linhas de sombra, 145

Maddison, A., 57, 59, 161
Magaloni, B., 52
maioria simples, 69, 78, 90, 225, 229
manifestações, 64, 83, 95-6, 194-5, 197-8; antigoverno, 64, 73; pacíficas, 64
manifestantes, 100, 194, 211
Manin, B., 192, 228
mão de obra, 110, 164, 220
Maurício, 55, 58
Medina, L., 141, 175
Mélenchon, Jean-Luc, 117, 183
mercados de trabalho flexíveis, 116, 123, 182
mexicanos, 116, 144
Michaels, W. B., 145
mídia, 25, 45, 102, 201-2, 205, 231
militares, 58, 61, 85, 88-90, 92-4, 96-8, 167, 184-5
ministros, 72, 81-3, 86, 89, 92, 94, 215
mobilidade, 43, 131, 155, 219-21
mobilização, 62, 68, 127, 183-5, 207
monarquistas, 67, 70
monopólio do poder, 43, 137, 201
Montesquieu, 204, 216
Movimiento de Izquierda Revolucionaria (MIR), 81, 86
MRP, 92-3
mulheres, 85, 227
Müller, Hermann, 67, 69
multiculturalismo, 145-6
mundo pós-verdade, 146-7

nacionalização, 81-3
não eleitores, 74, 127

nativistas, 115, 117, 232
nazistas, 68-9, 73-4, 77
Nixon, presidente Richard, 65, 100-2
normas democráticas, 115, 204, 207, 209-11
Noruega, 62, 118-9
Nova Zelândia, 119, 133, 150
NSDAP (Partido Nacional-Socialista dos Trabalhadores Alemães), 70-1, 74, 76, 112

OCDE, 56, 114, 119-21, 132-4, 140, 163-5, 167, 176
ocupantes de cargo, 29, 37, 40, 45, 52, 187-8, 191-2, 214-5
ONGS (organizações não governamentais), 202, 207, 218
oposição, 13, 37, 45, 82-4, 86-7, 97-101, 192-4, 196-9, 200-3, 207-8, 210-7; democrática, 98, 194; e o governo entre eleições, 192-8; mídia, 202, 211, 214; organizada, 52, 194; partidária, 202, 215; partidos, 192, 201; potencial, 203, 211
opositores, 45, 73, 76, 100, 185, 210
ordem pública, 27, 29, 31, 37, 94, 192, 194, 197-9, 226; ruptura, 37, 39, 45, 195, 197-8
ordens executivas, 218
organizações, 31, 42-3, 97, 166, 173, 178-9, 180-2, 232; paramilitares, 72, 194; sindicais, 181, 184; terroristas, 95
orientação sexual, 148-9

papéis institucionais, 51, 184, 199
Paquistão, 56
parlamentos, 92-4, 96, 109, 115, 186, 192, 197, 202, 214-5
participação eleitoral ver comparecimento às urnas
Partido Democrático Alemão ver DDP
Partido Nacional-Socialista dos Trabalhadores Alemães ver NSDAP
Partido Popular Bávaro (BVP), 69-71, 105
Partido Popular Nacional Alemão ver DNVP
Partido Radical, 78, 80
partidos, 68-72, 80-1, 92, 109-21, 123-5, 146-8, 179-81, 186-9, 223-4; antissistema, 115, 161; concorrentes, 44, 51, 69; de centro ver partidos de centro; de centro-direita, 113, 127; de direita, 119, 122, 158, 166; de direita radical, 118-9, 127, 150, 154, 156, 166, 231; de esquerda, 164; fracos, 232; insurgentes, 223, 226; novos, 25, 112, 165, 183, 224; número efetivo de, 69, 114, 166; operários, 43; populistas, 116-7, 128, 154, 156; principais, 111, 124; tradicionais, 74, 88, 110, 119-20, 124, 126-7, 166, 226, 230-1
partidos de centro, 124, 126-8, 231; distância ideológica entre, 123
Patria y Libertad, 85-6
paz, 178, 190, 226; civil, 32, 227; social, 73
percepções, 77, 126, 136, 153, 155, 157, 221
perda de empregos, 136, 153-5
perdedores, 33, 140, 158, 184-5, 187-93, 207, 232
período entreguerras, 63, 111, 161, 163-4
Peru, 56-7
pesquisas, 128-30, 162, 216; declínio do apoio à democracia nas, 128-30; entrevistados, 78, 84, 95, 134, 143, 150, 158, 164; perguntas, 128-9, 162, 216
petite bourgeoisie, 42, 116, 140, 166
Pflimlin, Pierre, 93
PIB, 60, 162, 228

Piketty, T., 67, 115, 126-7
Podemos, 115-7
poder, 29-31, 43, 52-6, 75-6, 88-90, 93-4, 96-8, 161-4, 202-5; abuso de, 102-3, 204; de emergência, 75, 77, 89; monopólio de, 43, 137, 201; para governar por decreto, 94, 96; político, 34, 40-2, 164, 182, 186; usurpação de, 52, 65, 94, 104, 188
polarização, 33, 68, 104, 119, 141-3, 149, 150-2, 157, 165, 231; política, 104, 149, 150-2, 231
polícia, 86, 93, 96, 98-100, 197
política, 88, 115-6, 125, 161, 187, 192; partidária, 74, 88, 127
políticas, 137, 139, 153, 186-9, 191-202, 206, 211-4, 230-1; de governo, 62, 139, 187, 192, 194; econômicas, 68, 116, 228
políticos, 25, 30-1, 37, 44, 52, 65, 72, 76, 127; profissionais, 116, 120, 219
Polônia, 45, 142, 200-3, 207, 215
populismo, 25, 223, 226, 230; avanço, 115-28
povo, 115-6, 161-2, 223, 225, 229-30
Prats, general, 84-6
preferências, 141, 166, 176-7, 179; ideais, 175-6; individuais, 141, 224; de pico, 174-6
presidentes, 83-5, 88-90, 96-8, 100-3, 179, 185-6, 202-4, 214-5, 217-8; eleitos, 62, 94, 98
pressões, 58, 66, 83
previsão econômica, 219
probabilidade de colapso democrático, 63
produtividade, 137, 150, 164
progresso material, 47, 134-6, 164, 220
projetos de lei, 82, 195-6, 202, 206
proporções de votos, 87, 121-2, 126-7, 154
propriedade, 34, 41-3, 173-4, 227-8

proteção de renda, 220, 222
protecionismo, 117, 220, 230
provas, 78, 126, 128-9, 131, 141, 147, 154-8, 164

quadros institucionais, 31-3, 51, 55, 96, 180, 182-6, 192, 195, 198-200
Quarta República, 33, 90-4, 96-8, 186
questões: contrafactuais, 98, 103; econômicas, 70-1, 116, 123; em aberto, 118

racismo, 111, 117, 141, 143-6, 157, 161
raiva, 126, 148
Reagan, 122, 139
recursos produtivos, 35, 43
redistribuição, 126, 139, 221-2; de renda, 43, 67, 116, 176, 221
reeleição, 102, 188, 216
referendos, 94-6, 162, 202, 205-7, 209; de iniciativa popular, 116, 229
reformas, 83, 92; educacionais, 185; institucionais, 38, 66, 229-30; parciais, 38-40
refugiados, 143-4
regimes, 31, 39, 51-2, 60, 206; quase autoritários, 205
Reichstag, 53, 69, 73-6
Reino Unido, 30, 57, 112, 119, 138-9, 150-2, 157, 193
religião, 55, 109, 127-8, 149, 176, 181, 231
renda, 35, 37, 41, 43, 59-61, 134, 137, 163-4, 173; baixa, 47, 87, 134, 163-4, 219-20; média, 67, 79, 134-5, 150, 152, 163, 165, 219; per capita, 56-7, 59, 68, 132, 160-1; redistribuição de, 43, 67, 116, 176, 221
reparações, 67-8
repressão, 29, 37, 45-6, 99-100, 197-9
República Dominicana, 58
República Tcheca, 142

republicanos, 102-3, 126, 142, 147-8, 231; Rockefeller, 166
resistência, 37, 85, 171, 188, 199, 207, 216-7; violenta, 188-90
restrições, 45, 139, 179, 189, 217; constitucionais, 188; contramajoritárias, 28; eleitorais, 45
resultados, 32-6, 37, 39, 64, 67, 174-5, 182-5, 188-91, 212-14, 224-6; Alemanha, 75-7; Chile, 88-90; desfavoráveis, 32, 178, 184; de votação, 189-91; Estados Unidos, 102-3; finais, 75-7; França, 96-8
retórica antissistema, 226
retrocesso, 26, 39, 52, 171, 200-3, 208, 211-3; governos, 213, 215-7
revisão judicial, 30, 207, 228
revolução, 38, 42, 68, 90, 216, 223; industrial, 165
riscos, 32-3, 45, 171, 182, 191, 219, 232-3
Romênia, 58
Rosanvallon, P., 27-8, 146
Rothwell, J., 136-7, 155
rótulos, 39, 52, 111, 113, 117, 161, 165
ruptura: da ordem pública, 37, 39, 45, 195, 197-8; do acordo de classes, 131, 136-7

salários, 27, 35, 137-40, 150-3, 164, 182, 219-21
Santiago, 78, 84-8; favelas, 79-81, 86
Schneider, general, 84-6, 88
Schumpeter, J. A., 29, 33, 162, 192
segregação, 222, 231
sentimentos antissistema, 25, 232
separação de poderes, 30, 33
serviços, 79, 131-4, 182, 220; pessoais, 221; sociais, 117, 139, 221
SFIO, 92
sindicatos, 43, 137-9, 164, 166, 180-4, 227; declínio, 164; densidade sindical, 139-67

sistema representativo, 31, 178, 232
sistemas: eleitorais, 33, 44, 68, 179-80, 186; institucionais, 63, 68, 103, 195; multipartidários, 141, 232; parlamentaristas, 58, 62, 105; partidários ver sistemas partidários; políticos, 92, 179-80, 222-3; presidencialistas, 58, 61-2, 89, 152, 186, 207, 232
sistemas partidários, 47, 125, 165; erosão, 111-5
soberania: nacional, 143, 231; popular, 116
social-democratas, 66-7, 75-6, 81, 90, 111, 121-2, 167
socialismo, 68-9, 78, 81, 87, 92, 111-2, 178
sociedade cega para cores, 145
SPD (Partido Social-Democrata), 66-7, 69-71, 90, 176-8
Sri Lanka, 56, 215
statu quo, 34-5, 39, 95, 185, 227-8, 232; institucional, 35, 40, 58, 212
Stresemann, 69-71
sub-repção, 39, 200-18
subversão, 39, 47, 200-18; de cima para baixo, 211-6
Suécia, 30, 118-9, 142, 150-2
sufrágio, 38, 228; individual, 40; universal, 41-2
Suíça, 118-9
supremas cortes, 102, 185, 217-8

Tailândia, 56, 59
Teinturier, B., 125
tendências, 113, 126, 196; gerais, 55-64, 168
tendenciosidades, 64, 154
terrorismo, 91, 99, 194-5, 198
Thatcher, 122, 139
trabalhadores, 79, 83, 85-6, 117, 127, 137, 155, 181; da indústria, 79, 116, 137
trabalho, mercados de, 136-7, 220

transformações, 57, 127, 131-6, 157-9, 206; culturais, 47, 109-11; econômicas, 90, 136
tribunais, 30-2, 57, 102, 180-2, 193, 195, 202, 205-8; constitucionais, 30, 180, 193, 202, 207-9; supremos, 102, 185, 217-8
Trump, presidente Donald, 115, 124, 137, 144-5, 148, 208-10, 216, 229-30, 232
tumultos, 45, 60, 62-4, 73, 194-5
Turquia, 200-2, 207-8

Ucrânia, 58
União Europeia, 128, 230
Unidad Popular (UP), 80-3
Universidade Estadual de Kent, 100, 198, 211
Uruguai, 36, 57
usurpação de poder, 52, 65, 94, 104, 188

vantagem do ocupante do cargo, 189, 211, 213

vencedores, 78, 140, 152, 187-90, 193, 215, 233
Venezuela, 52, 57, 200-2, 208, 216
vetos presidenciais, 30, 202, 228
vida diária, 26, 37, 62, 148-9
violência, 37, 72, 86-7, 100, 183, 188-90, 194-5, 197-8; com base em raça, 149; física, 62; política, 72, 190
vitórias, 78, 122; eleitorais, 45, 230; institucionais, 184
votação, 94, 153-4, 189, 210
votos, 37, 80-1, 90, 94, 118-20, 125, 152, 154-5, 189-91, 209-10, 215-6, 224-5, 228-9

Watergate, escândalo, 102-3

xenofobia, 111, 115, 117, 125, 128, 157, 161

Z + BVP, 70
Zentrum, 66-7, 69-71, 76, 105

1ª EDIÇÃO [2020] 1 reimpressão

ESTA OBRA FOI COMPOSTA POR MARI TABOADA EM DANTE PRO E IMPRESSA EM OFSETE PELA LIS GRÁFICA SOBRE PAPEL PÓLEN SOFT DA SUZANO S.A. PARA A EDITORA SCHWARCZ EM DEZEMBRO DE 2020.

A marca FSC® é a garantia de que a madeira utilizada na fabricação do papel deste livro provém de florestas que foram gerenciadas de maneira ambientalmente correta, socialmente justa e economicamente viável, além de outras fontes de origem controlada.